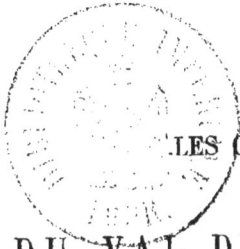

LES COUTUMES

DU VAL DE ROSEMONT.

C.

3 2 044

(Extrait de la *Revue historique de droit français et étranger*,
numéro de septembre-octobre 1865.)

PARIS. — TYPOGRAPHIE HENNUYER ET FILS, RUE DU BOULEVARD, 7.

LES COUTUMES

DU

VAL DE ROSEMONT

PUBLIÉES POUR LA PREMIÈRE FOIS

AVEC INTRODUCTION ET NOTES

PAR

ED. BONVALOT

CONSEILLER A LA COUR IMPÉRIALE DE COLMAR

———— ◦ ————

PARIS

AUGUSTE DURAND, LIBRAIRE

RUE DES GRÈS, 7, ET RUE TOULLIER, 1

—

1866

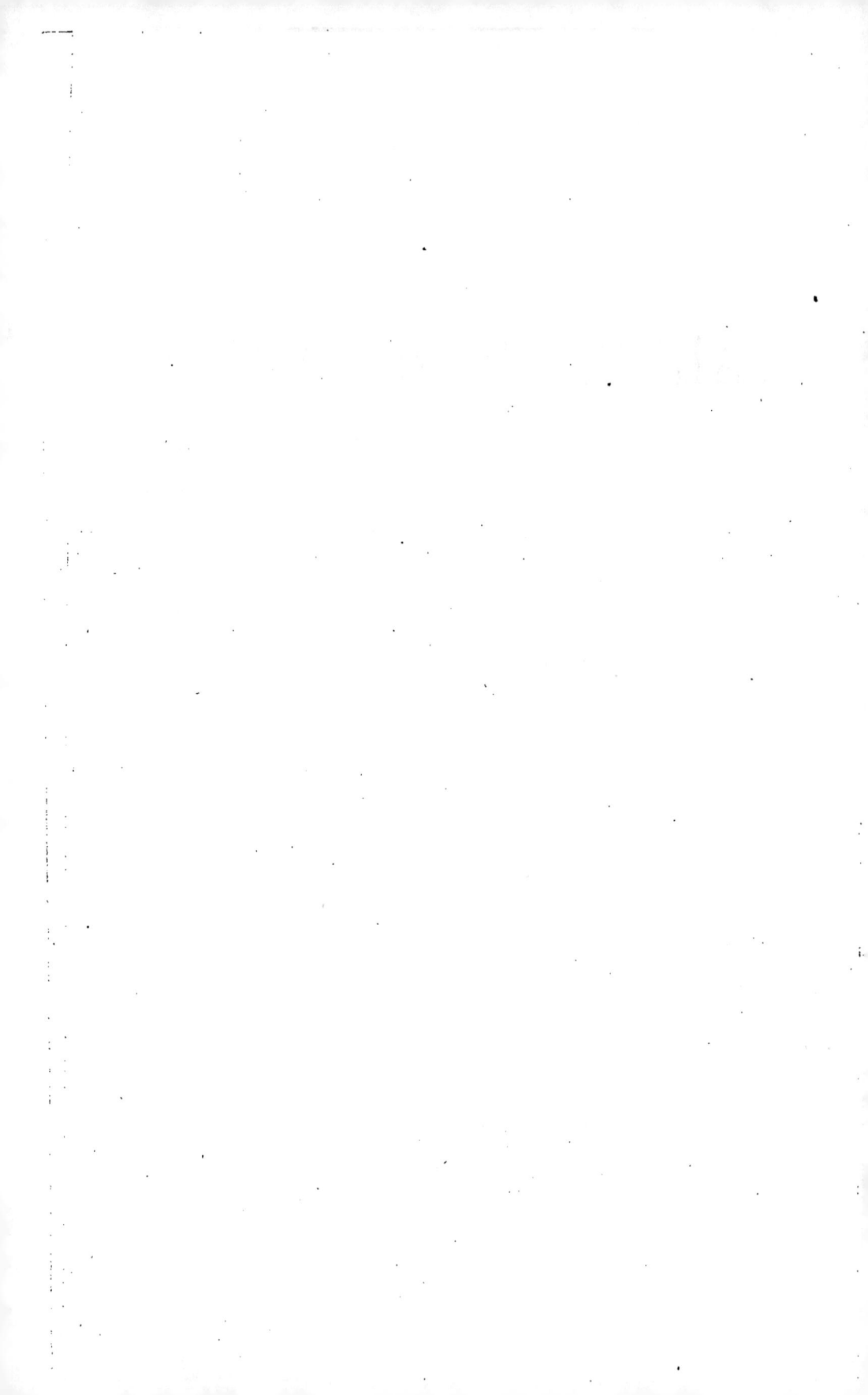

COUTUMES DU VAL DE ROSEMONT.

I

Avant la révolution de 1789, le Rosemont, situé dans la haute Alsace, formait dans la direction du sud-ouest et sur le flanc des Vosges, le quatrième district du comté de Belfort[1]. Il était divisé en deux parties d'inégale grandeur et à peine reliées entre elles. L'une, le haut Rosemont, comprenait les vingt communautés[2] qui, moins Valdhoye, constituent aujourd'hui dans le département du Haut-Rhin le canton de Giromagny. L'autre, le bas Rosemont, composé de cinq villages[3], fait actuellement avec Valdhoye une partie du canton de Belfort. Le Rosemont était en outre subdivisé en mairies[4]. A l'origine, il n'avait ni cette étendue territoriale, ni tous ces centres d'habitation. En 1354, il fut agrandi par les archiducs d'Autriche qui y annexèrent la mairie d'Etuffont, et en 1726 par les Mazarin, qui y réunirent le village de Bourg. D'autre part, à côté des anciennes communautés de Chaux, de Méroux et d'Evette[5], s'élevèrent Auxelles-le-Haut au commencement du seizième siècle,

[1] Les trois autres districts du comté étaient ceux de Belfort, — d'Angeot, — et de l'Assise.

[2] Savoir : Anjoutey, Auxelles-le-Bas, Auxelles-le-Haut, Bourg, Chaux, Eloye, Etuffont-le-Bas, Etuffont-le-Haut, Evette, Giromagny, Grosmagny, la Chapelle-sous-Chaux, la Madelaine, le Puy, Petitmagny, Rougegoutte, Sermagny, Vescemont et Rièrevescemont.

[3] Argiésans, Banvillars, Méroux, Urcerey et Vézelois.

[4] Le nombre de ces mairies varia. — Le Coutumier ne parle que de quatre. — L'Urbaire de 1487 (Archives du Haut-Rhin, fonds Mazarin, L. 14 à 18) mentionne les douze suivantes : 1º Rosemont (Méroux et Vézelois); 2º Argiésans (Banvillars et Urcerey); 3º Valdhoye (Evette et Eloye); 4º Sermagny; 5º Chaux; 6º la Chapelle-sous-Chaux; 7º Giromagny; 8º le Puy; 9º Vescemont; 10º Rougegoutte; 11º Grosmagny; 12º Etuffont (Haut et Bas, Anjoutey et Petitmagny). Voir note 1 à l'Appendice.

[5] Trouillat, *Monuments de l'ancien évéché de Bâle*, I, p. 361, 457, et II, p. 395.

la Madelaine et Rièrevescemont dans le milieu et sur la fin du dix-huitième [1]. Giromagny et le Puy gagnèrent dans l'intervalle beaucoup de population. Ce qui attirait et fixait de nouveaux habitants dans ce coin du Sundgau, ce n'était pas la richesse agricole, mais le commerce et l'industrie. Si son sol accidenté et montagneux pour la majeure partie ne produit guère que du seigle, de l'orge, du chanvre et des pommes de terre, en revanche il est riche en gras pâturages, en immenses et belles forêts, en étangs poissonneux, en cours d'eau propices à l'établissement de nombreuses usines, et surtout en mines de plomb, de cuivre et d'argent. Ces éléments d'activité ont répandu dans cette vallée la vie et la richesse.

II

Cette terre du Rosemont, après avoir été conquise par les Romains sur les Celtes et englobée, à la suite des invasions germaniques, dans les royaumes d'Austrasie et de Bourgogne, devint un domaine féodal que les documents historiques qualifient de seigneurie, de prévôté, parfois de comté, et en dernier lieu, plus communément de bailliage.

Elle avait emprunté sa dénomination (Rosenberg, Rosenveilt, Rosenfeld, Rosenthal, Rosemont) à un donjon bâti, à une date inconnue du moyen âge, dans un des sites les plus sauvages des Vosges, entre le village de Vescemont et la montagne de Sèves.

Terre et château de Rosemont appartenaient, à ce qu'on prétend, à une famille seigneuriale qui relevait des comtes de Belfort et qui leur vendit sa mouvance [2].

Etaient comtes de Belfort, dès la fin du dixième siècle, les princes de Montbéliard, issus des ducs d'Alsace [3]. Les comtes de Ferette, qui étaient parents et voisins, leur disputèrent un moment Belfort, dont la possession fut affermie en leurs mains par la transaction de 1226 [4]. Devenus propriétaires incontestés de ce comté, les Montbéliard le donnèrent en dot à Wilhelmine,

---

[1] La Madelaine et Rièrevescemont, qui existaient depuis des siècles comme censes ou hameaux, furent alors érigés en communes.

[2] Archives du Haut-Rhin, fonds Mazarin, L. 12.

[3] Quiquerez, *Histoire des comtes de Ferette*, p. 8. = Duvernoy, Dissertation sur les comtes de Montbéliard, Strasbourg, 1762.

[4] Trouillat, *loc. cit.*, I, p. 506.

quand ils marièrent cette petite-fille de Thierry III au comte palatin de Bourgogne Renauld II.

Le Rosemont était compris dans cet apanage[1]. Quel fut son sort sous Renauld? Participa-t-il à l'amélioration que ce prince apporta à la condition de ses sujets? On sait que ce dynaste s'illustra par deux mesures éminemment libérales : l'abolition de la mainmorte et l'institution du régime municipal. Montbéliard en 1282, et Belfort en 1307, obtinrent ces prérogatives avec beaucoup d'autres franchises[2]. Et, si j'en crois le témoignage de Dunod[3], ces bienfaits auraient été étendus à tous les habitants des domaines de ce prince. En ce qui concerne le Rosemont, rien ne justifie ni ne contredit pleinement cette assertion. Tout ce qu'on découvre de plus certain, c'est que l'administration récemment instituée à Belfort demeura chargée du gouvernement de cette terre sous la direction d'un bailli choisi par le comte de Belfort[4].

Ce domaine était d'ailleurs sur le point de sortir du patrimoine des Monbéliard pour entrer dans celui de la maison d'Autriche.

Renauld avait marié en 1299[5] l'aînée de ses cinq enfants, Jeanne de Montbéliard, à Ulric II, comte de Ferette, son parent et l'un des plus puissants dynastes du Sundgau[6]. Celui-ci, qui n'avait que deux filles, maria à son tour, le 17 mars 1324, l'aînée, Jeanne, à l'archiduc d'Autriche Albert, dit le Sage, landvogt d'Alsace[7]. Cette alliance remplissait les vues de la maison de Habsbourg, qui, depuis son avénement à l'empire d'Allemagne,

---

[1] Duvernoy, *Ephémérides de Montbéliard*, p. 152. — Quiquerez, *Tableau chronologique de l'histoire des comtes de Montbéliard*, p. 112 à 115.

[2] Duvernoy, p. 152 et 153.

[3] Dunod, *Traité de la Prescription*, n°⁵ 487 et 3885. Cf. Schœpflin-Ravenez, IV, p. 134.

[4] Franchises de Belfort en 1307 et Urbaire de 1472.

[5] En 1309 seulement, d'après quelques historiens, notamment d'après Quiquerez, *Histoire des comtes de Ferette*, p. 101.

[6] Quiquerez, *loc. cit.*, p. 120 et suiv. — Trouillat, I, p. 504.

[7] Ulric de Ferette et Jeanne de Montbéliard, se voyant sans enfants mâles après dix-neuf ans de mariage, obtiennent des évêques de Bâle et de Besançon et du pape Jean XXII, que leurs deux filles, Jeanne et Ursule, leur succèderont dans tous leurs fiefs. Actes de 1318 et 1320 (Archives du Haut-Rhin, fonds Mazarin).

poursuivait, à l'abri du trône, l'agrandissement de son domaine privé [1], en lui ouvrant la perspective de l'opulent héritage et des comtes de Ferette et des comtes de Montbéliard. Pour s'assurer ces futures successions, Albert se fit, cinq jours après son mariage [2], investir solennellement de tous les droits et biens que Jeanne sa femme avait ou pourrait avoir, tant du chef de son père que du chef de sa mère [3].

La liquidation de l'héritage paternel de Jeanne de Ferette commença aussitôt, car son père venait de mourir [4]. Albert racheta, moyennant des soultes, des deux cohéritières de sa femme Jeanne de Montbéliard, sa belle-mère, et Ursule de Ferette, sa belle-sœur, leurs parts successorales [5], tant sur le comté de Ferette [6] que sur la seigneurie de Rougemont [7], et il s'assura par des actes ultérieurs [8] la propriété incommutable de ces terres, dont il prit constamment le titre à partir de 1324.

La liquidation de l'héritage maternel n'eut lieu qu'en 1347. Jeanne de Monbéliard laissait pour héritières, avec les deux filles qu'elle avait eues d'Ulric de Ferette, deux autres enfants issus de ses mariages subséquents [9]. Des arbitres divisèrent en quatre lots le patrimoine qu'elle avait recueilli en 1332 de son père, le palatin Renauld [10]. Et le sort assigna à la femme d'Albert d'Autriche, Jeanne de Ferette, entre autres biens, le château de Rosemont, la mairie du Val, Sermagny, Chaux, la Chapelle, le Puy,

---

[1] Schœffer, *Abrégé de l'histoire d'Allemagne*, p. 132, 138 et 139.

[2] 23 mars 1324.

[3] Trouillat, III, p. 343. — Duvernoy, p. 89 et 158.

[4] 10 mars 1324.

[5] Hergott, *Geanalogia Habsburgica*, Dipl. nos 749 et 708. — Schœpflin-Ravenez, V, p. 605 et suiv. — Archives du Haut-Rhin, fonds Mazarin, L. 58.

[6] Sur l'étendue du comté de Ferette à ce moment, voir Quiquerez, *loc. cit.*, p. 120.

[7] La seigneurie de Rougemont, dot de Jeanne de Montbéliard, paraît avoir été également celle de sa fille Jeanne de Ferette. Steyerer, *Hist. Alberti Sapient.*, addit. lib. II, c. 226.

[8] En date de 1333, 1334, 1336, 1341 et 1350. — Hergott, Dipl. nos 772, 773 et 777. — Trouillat, III, p. 871. — Archives du Haut-Rhin, *loc. cit.*

[9] Schœpflin, *Hist. Zæringo-Badensis*, II.

[10] Trouillat, III, p. 750. — Voir pour les détails de la succession de Renauld, Quiquerez, *loc. cit.*, p. 115 ; Duvernoy, p. 90, 65, 158 et 191 ; Schœpflin-Ravenez.

Giromagny, Vescemont, Rougegoutte, Evette, Valdhoye, ..., Urcerey, Argiésans, Banvillars, ..., le bois de Lambert, de Chaux, de la Verrière, la forêt du Salbert, le fief d'Auxelles.,. [1]. Albert racheta le 2 juin 1351 certains droits que sa belle-sœur, Ursule de Ferette, avait conservés par ce partage de 1347 sur Belfort et ses dépendances [2]. Ce prince devint ainsi maître de domaines importants, et notamment du Rosemont.

En 1354, il détacha de sa terre de Rougemont les villages d'Etuffont le Haut et le Bas, d'Anjoutey et de Petitmagny, qu'il incorpora avec leur constitution particulière à la seigneurie de Rosemont [3].

De 1358 à 1365, ce domaine ainsi agrandi resta indivis entre les quatre fils d'Albert [4], et ce n'est qu'après la mort des deux aînés qu'il fut attribué en propre à Léopold. Cet archiduc affranchit de la mainmorte les Rosemontois. D'autres sujets, qui reçurent le même privilège, se joignirent à eux pour lui décerner par reconnaissance le surnom de Bon. Durant son règne, Léopold eut la douleur de voir les quatre terres de son comté de Belfort envahies et désolées successivement par les Malandrins d'Enguerand de Coucy (1368 à 1376) et par les Suisses. En repoussant l'aggression de ces derniers, il trouva la mort devant Sempach (1386).

Son fils Léopold III et la veuve de cet archiduc, Catherine de Bourgogne, eurent de nouveau à combattre ces redoutables ennemis de l'Autriche. Belfort se distingua dans cette lutte par son courage et obtint, en récompense de son dévouement énergique, le droit de requérir l'aide de tous les habitants des seigneuries de Belfort et de Rosemont pour améliorer et entretenir ses fortifications (1425) [5].

Les Suisses profitèrent de la minorité de Sigismond pour recommencer leurs incursions dans le Sundgau. Fiancé à la fille de Charles VIII, roi de France, ce prince appela à son secours les troupes de son beau-père. Mais cette armée, au lieu d'être libératrice, pactisa avec les ennemis des Habsbourg. Les paysans du

---

[1] Partage du 26 août 1347. — Trouillat, III, p. 847.

[2] Trouillat, IV, p. 651. Archives du Haut-Rhin, fonds Mazarin, L. 14 à 18.

[3] Schœpflin-Ravenez, IV, p. 20 et 136.

[4] Ceux-ci obtinrent, en 1359, de leur tante Ursule de Ferette, une nouvelle renonciation au comté de Belfort. Schœpflin-Ravenez, IV, p. 667.

[5] Duvernoy, p. 58 et 92. Laguille, *Histoire d'Alsace*, I, p. 309 et suiv.

Rosemont, soulevés par la misère et le désespoir, battirent et expulsèrent les coalisés (1445)[1].

Les archiducs d'Autriche n'avaient, malgré leurs immenses possessions, que des revenus insuffisants aux frais des guerres soutenues par eux, soit pour défendre l'intégrité de leur patrimoine, soit pour conquérir la couronne sur leurs compétiteurs à l'empire. Condamnés à des emprunts, ils engagèrent fréquemment leurs biens. Le Rosemont eut le sort des autres, dès qu'il appartint aux Habsbourg. Il fut hypothéqué avec faculté de rachat et cession partielle ou totale des droits de justice, des droits casuels, rentes, profits ou autres dépendances, à Pierre de Bollwiller (1360), à Marguerite de Bade (1363), à Erkinger de Hugenhoven (1447), à Pierre de Morimont (1450), à Güntzmann de Brinighoffen (1456), à Rodolphe de Sultz (1457), à Pierre de Morimont (1459)[2]. Pierre de Morimont, dont la famille arrivait depuis un siècle à la richesse et aux honneurs[3], était un courtisan zélé de l'archiduc Sigismond. Il lui prêta sur son comté de Belfort 32,800 florins, avec charge de désintéresser les créanciers antérieurs. Dix ans après (1469), pour alléger la détresse toujours croissante de son maître, il négocia avec le duc de Bourgogne Charles le Téméraire, la vente à réméré de tous les domaines que la maison d'Autriche possédait dans la haute Alsace, le Sundgau et le Brisgau, moyennant 80,000 florins, dettes antérieures comprises. Cet engagement général ne prit vraiment fin, quoique le prêt eût été remboursé dès le 27 avril 1474, que par les victoires d'Héricourt, de Granson, de Morat, et par la mort de Charles le Téméraire devant Nancy (1477). Sigismond rentra alors dans toutes ses propriétés héréditaires[4]. A peine le Rosemont, qui était compris dans cet engagement, fut-il libre, que l'archiduc Maximilien, toujours à bout d'argent comme ses prédécesseurs[5], le conféra de nouveau en fief pour dix ans à Gaspard de Morimont contre 25,300 florins[6]. Impayée

[1] Laguille, *Histoire d'Alsace*, I, p. 336 et suiv.

[2] Archives du Haut-Rhin, fonds Mazarin, L. 58. — Quiquerez, *loc. cit.*, p. 124.

[3] Schœpflin-Ravenez, V, p. 609.

[4] Quiquerez, p. 124 et suiv. — Schœpflin-Ravenez, IV, p. 54. — Duvernoy, p. 107.

[5] Schœffer, *loc. cit.*, p. 174. — Laguille, I, p. 369.

[6] En 1492, avec les trois autres bailliages du comté de Belfort.

à l'échéance, cette dette fut renouvelée en 1501. Elle le fut encore en 1532 et en 1534 avec supplément, la première fois de 8,680, et la seconde de 14,000 florins. Mais dans ces deux circonstances, l'archiduc renonçait, en faveur de l'engagiste, à certains droits seigneuriaux, les *Landraissen* (contributions de guerre), les tailles, les mines et la nomination aux prébendes du chapitre de Belfort, qu'il s'était réservés sur les quatre terres du comté de Belfort en 1492, lors du premier contrat. Il ne conservait plus que le droit de passage dans les châteaux et forteresses de Gaspard de Morimont. Sur la fin de l'année 1534, des circonstances heureuses pour les finances autrichiennes ayant lui, l'archiduc Ferdinand remboursa à de Morimont 52,645 florins : il ne resta, pour éteindre la totalité de ces dettes antérieures, qu'à régler le chiffre des impenses et des aliénations effectuées par l'engagiste. Ce fut long, et les contestations portées devant les régences d'Ensisheim et d'Insprück ne se terminèrent que le 21 janvier 1563[1]. A partir de ce jour, les archiducs reprirent la libre possession de leur seigneurie du Rosemont.

Aux invasions étrangères et aux embarras financiers succédèrent immédiatement les difficultés de l'administration intérieure de cette terre. Deux esprits se disputaient alors l'Europe. L'un, qui tendait à donner aux droits seigneuriaux toute la force et l'extension possible, et qui se personnifiait dans la Chambre impériale récemment créée à Ensisheim[2]. L'autre, qui résistait à cet envahissement et à ces exagérations de la féodalité, et qui avait eu ses manifestations sanglantes dans la guerre des paysans et dans des révoltes multipliées[3]. Le Rosemont ne demeura point étranger à ce double courant du siècle.

Deux faits l'établissent.

D'abord, en 1525, quatre cents montagnards insurgés et conduits par André de Chaux se portèrent sur Belfort, où ils imposèrent aux chanoines de la collégiale une contribution de 150 livres baloises, et sur le prieuré de Froideval où ils firent du butin. Douze jours après leur départ de la vallée, ils dépo-

[1] Archives du Haut-Rhin, C. 25. Livre des fiefs autrichiens, f° 30 ; et fonds Mazarin, L. 58 et 59.

[2] En 1523. Archives du Haut-Rhin, G. 5. — M. Brièle, *la Régence d'Ensisheim*.

[3] De 1525 à 1543. Archives du Haut-Rhin, C. 4.

sèrent les armes en apprenant que des conférences pour la paix étaient ouvertes à Bâle. Sur l'avis de l'insuccès de ces négociations, ils les reprirent. Mais la défaite sanglante éprouvée à Chatenois par le gros des paysans révoltés et la terreur qu'engendra cet événement ne tardèrent pas à disperser la bande insurrectionnelle du Rosemont, dont le chef fut pendu [1].

Ensuite naquirent bientôt des luttes acharnées entre le seigneur du Rosemont et ses vassaux à propos d'édits réglant la chasse, la pêche, les eaux, les forêts, et certaines banalités d'une façon nouvelle, contraires aux usages anciens, et restrictives des droits des sujets [2]. On crut trouver un remède à ces conflits dans la confection d'un terrier. L'archiduc Ferdinand la prescrivit en 1573 dans tous ses Etats héréditaires [3]. Je ne sais si cette opération a eu lieu pour le Rosemont comme pour le reste du comté de Belfort. L'Urbaire, qui a dû être dressé à cette époque, a échappé à mes recherches. Peut-être la mesure n'a-t-elle point été exécutée pour cette seigneurie ? Peut-être a-t-elle été entravée par des réclamations et des débats interminables ? Peut-être aussi a-t-elle été interrompue par les préoccupations de la politique extérieure ?

A ce moment la maison d'Autriche portait par sa puissance ombrage à la France. Richelieu, qui persécutait les protestants dans le royaume, se constitua leur champion en Allemagne. Sous prétexte des vexations qu'ils y enduraient, il lança sur l'Alsace les armées coalisées de la Suède et de la France. Dès le début le Rosemont fut envahi. Un double motif attirait les troupes ennemies : poursuivre les fuyards qui s'étaient cachés dans les Vosges après la reddition des places de Ferette, d'Altkirch et de Belfort; s'emparer des produits des mines argentifères de Giromagny. Fuyards et paysans se réunirent au nombre de quatre mille et marchèrent sur Ferette et Altkirch, où ils massacrèrent les Suédois. Ce succès leur coûta cher. Le rhingrave Otton ayant atteint ces braves au moment de leur retraite entre Pérouse et d'Anjoutin, il en fit un affreux carnage. Le village de Vézelois fut incendié, tandis que

---

[1] Archives du Haut-Rhin, fonds des Ribeaupierre, procès de la guerre des paysans.

[2] Voir les notes relatives à ces divers objets dans l'appendice.

[3] Archives du Haut-Rhin, C. 32.

la cavalerie de Colloredo pillait Giromagny (1633 à 1637)[1]. Une légende en vers patois a célébré cette héroïque résistance du Rosemont sous la conduite du bailli Généry et du banneret Richard[2]. Les victoires de Turenne et de Condé ayant mis fin à une guerre qui durait depuis trente ans entre la Suède, la France et l'Autriche, le traité de Munster (1648) attribua à la France toutes les possessions patrimoniales des archiducs en Alsace. Comme elles n'étaient pas réunies expressément au domaine public, Louis XIV en fit don d'abord au comte de la Susse, l'un de ses généraux, puis à son ministre le cardinal de Mazarin. C'était, d'après un écrivain du temps, un cadeau de 800,000 livres de rente[3].

Le Rosemont, compris dans cette libéralité, se trouvait donné, suivant les patentes royales de décembre 1659[4], au cardinal de Mazarin et à tous ses descendants sans distinction de sexe, avec réserve de la suzeraineté immédiate du roi et à charge de foi et hommage. C'est en vertu de ce titre que cette seigneurie passa successivement à Hortense de Mancini, mariée au duc de la Meilleraie, à Paul-Jules de Mazarin, à Gui-Paul-Jules de Mazarin, à Louise-Jeanne de Durefort de Duras, mariée au marquis de Villequier d'Aumont, à Louise-Félicité-Victoire d'Aumont, mariée à Honoré-Maurice Grimaldi, duc de Valentinois. Le duc de Valentinois jouissait de la seigneurie du Rosemont quand la loi du 25 juillet 1791, révoquant la donation de Louis XIV, ordonna le retour au domaine de toutes les terres cédées au cardinal de Mazarin[5]. Mais en 1824, une décision de M. de Villèle remit les Grimaldi, ses héritiers[6], en possession de tous les immeubles non vendus comme biens nationaux. En conséquence, ceux-ci recouvrèrent à peu près intégralement les forêts du Rosemont en

[1] Archives du Haut-Rhin, C. 376, 402 et 404, *Revue d'Alsace*, 1853.

[2] Voir note 24.

[3] Schœpflin-Ravenez, IV, p. 177, 119 et 133. — Quiquerez, p. 128.

[4] Ordonnances d'Alsace, I, p. 11.

[5] Archives du Haut-Rhin, fonds Mazarin, L. 59 et fonds du Domaine. — Horrer, *Dictionnaire de l'Alsace*, I, p. 246.

[6] Les héritiers de Victoire d'Aumont et duc de Valentinois étaient : Tancrède-Florestan-Roger-Louis, comte de Grimaldi de Monaco; Honoré-Gabriel Grimaldi de Monaco, prince de Monaco, duc de Valentinois; et Amélie-Céleste-Erodore d'Aumont, mariée à Louis-Pierre Munier, baron de Mauroy, fille adoptive de la duchesse de Valentinois.

payant au trésor le quart de la futaie. Après la révolution de Juillet, dans la crainte d'une nouvelle expropriation révolutionnaire, ils les vendirent à des particuliers[1].

La lutte entre le seigneur et les vassaux du Rosemont, suspendue par la guerre de Trente ans, reprit son cours sous les Mazarin et avec plus d'acharnement et d'extension que sous les archiducs. Leurs officiers subirent dans l'administration de telles entraves, qu'un moment il fut question d'établir à Belfort une régence modelée sur celle d'Ensisheim[2]. La perception des droits et revenus de la seigneurie fut si contestée que, pour les fixer irrévocablement, on prit en 1741 des lettres de terrier[3]. Cette opération, qui n'avait pas été menée à fin sous les archiducs, aboutit sous les Mazarin, après de très-nombreuses discussions. Ces discussions ne portèrent plus seulement sur la chasse et la pêche, les eaux et forêts, mais elles s'étendirent encore aux tailles, banalités, dîmes, corvées et juridictions. A cette occasion il y eut des mutineries de particuliers, des coalitions des villages, et des procès sans cesse renaissants. Dans chaque circonstance on invoquait contre les prétentions de la seigneurie les droits et coutumes anciennes du pays.

III

Le Rosemont avait en effet ses coutumes particulières. Elles me paraissent communes à ses deux parties jusques à l'article 33 du Coutumier[4], et à partir de cet article, plus spéciales au haut Rosemont. Le bas Rosemont se trouve régi, quant à certaines matières, par le droit de la seigneurie de Belfort[5]. Et la mairie d'Etuffont observe quelques usages qui lui sont propres[6].

---

[1] A l'audience des criées du tribunal de la Seine, le 15 novembre 1834. — Corret, *Histoire de Belfort*, p. 51.

[2] Archives du Haut-Rhin, fonds Mazarin, L. 67.

[3] Archives, *loc. cit.*, L. 11, 12 et 14 à 18.

[4] Ainsi que le prouvent les articles 2, 28 et 29 du Coutumier.

[5] Schœpflin-Ravenez, IV, p. 134.

[6] Ainsi la mairie d'Etuffont relève du diocèse de Bâle, tandis que le Rosemont haut et bas appartient au diocèse de Besançon. — Ainsi la mairie d'Etuffont porte ses appellations à la justice de Rougemont, tandis que le Rosemont va à la justice seigneuriale de Chaux. — Ainsi la mairie d'Etuffont n'a le parcours que sur ses quatre communautés, tandis que les onze villages du Rosemont ont le parcours entre eux. — Ainsi Etuffont paye deux

IV

Le texte original de ces coutumes a disparu depuis longtemps. Déjà à la fin du seizième siècle, on ne le pouvait plus produire. Alors il existait encore des expéditions authentiques de la rédaction française. L'une d'elles fut envoyée en 1570 à la régence d'Ensisheim par le bailli du Rosemont [1]. Je ne sais ce qu'elle est devenue. On n'en retrouve pas la moindre trace dans les archives du département du Haut-Rhin. Une autre, délivrée par un notaire du nom de Vieillard [2], a été signifiée en 1697 par Hengenot, sergent de Belfort, au duc de la Meilleraie. Elle est aujourd'hui déposée dans les archives de la mairie de Giromagny. Il n'y a plus, à ma connaissance, d'autre exemplaire officiel que celui-là. Son état matériel est déplorable. Le papier, fatigué par un fréquent maniement et partiellement mouillé, se désagrège; ses bords sont tout cranés et en décomposition. Il est donc très-opportun de sauver d'une ruine imminente et certaine ce curieux monument du vieux droit alsacien; et je le reproduis par l'impression, afin de le conserver aux amis de la science juridique et de l'histoire locale.

V

A quelle époque et par qui les coutumes du Rosemont ont-elles été dressées? Le texte que j'édite ne fournit point réponse à cette double question. Il ne mentionne ni la date de l'original, ni le nom de l'auteur. A ne juger de ces usages que par leur affinité avec ceux de Belfort et de Montbéliard, on serait tenté de les attribuer au comte Renauld. Pourtant des documents historiques en reportent positivement l'honneur à l'archiduc Léopold. Désireux de gagner le cœur de ses sujets du Rosemont et de s'assurer leur concours dévoué contre de redoutables enne-

poules par feu, tandis que le Rosemont n'en paye qu'une seule. — Ainsi Etuffont est sujet au banvin, tandis que le Rosemont en a toujours été affranchi, etc.

[1] Archives du Haut-Rhin, fonds Mazarin, L. 66.

[2] La résidence du notaire Vieillard m'est inconnue. M. Mény, notaire à Belfort, possède les minutes de l'ancien tabellionné de cette ville. Il m'assure que Vieillard n'a jamais été titulaire de son office, comme je l'avais pensé un moment. Lobstein, dans son Manuel du notariat en Alsace, ne donne aucun renseignement sur Vieillard.

mis, il les a affranchis de la mainmorte, et a approuvé leurs
coutumes[1]. Cette indication d'origine autrichienne n'est peut-
être que la louange d'un prince aimé. Et il n'y aurait pas, je
crois, témérité à penser que Léopold a fait pour sa seigneurie
du Rosemont ce qu'il a fait pour sa terre d'Héricourt[2], c'est-à-
dire qu'il s'est borné à confirmer des usages établis par les
princes de Montbéliard. Le lecteur décidera. Mais qu'on fasse de
cet archiduc le fondateur ou le consécrateur des droits, coutumes et priviléges du Rosemont, il est certain que la maison
d'Autriche a plusieurs fois apposé sur cette œuvre le cachet de
son autorité. En 1467, dans des circonstances politiques ana-
logues à celles où s'était trouvé Léopold, l'archiduc Sigismond
délivra aux gens de cette vallée une patente qui supplée utilement la perte de celle de son prédécesseur, et que nous rappor-
tons à cause de son importance[3]. « Nos sujets de la prévôté de
« Rosemont ont été affranchis par nos ancêtres, en sorte qu'ils
« sont exempts à perpétuité du droit de mainmorte, et qu'ils ne
« doivent rien donner pour ce droit à nos officiers, suivant les
« lettres libellées à cet effet. Nosdits sujets nous prient humble-
« ment de leur confirmer cette grâce et franchise, ainsi que les
« autres louables coutumes dont ils ont joui du temps de nos
« prédécesseurs et sous notre règne. Vu cette humble supplique
« et leur dévouement, Nous, Sigismond ... LEUR CONFIRMONS
« CETTE FRANCHISE ET GRACE, AINSI QUE TOUS LES DROITS DONT
« ILS JOUISSENT TRADITIONNELLEMENT PAR BONNE COUTUME, AFIN
« QU'EUX ET LEURS DESCENDANS EN JOUISSENT A PERPÉTUITÉ ET
« SANS ENTRAVES, COMME SI CES DROITS ÉTAIENT TRANSCRITS
« MOT POUR MOT DANS LA PRÉSENTE PATENTE. » Un siècle après,
le 3 novembre 1567, l'archiduc Ferdinand renouvela aux Rosemontois, sur leur demande, « les grâces, franchises et toutes
« autres bonnes et louables coutumes qu'ils avaient obtenues de
« lui et de ses ancêtres[4]. » En 1603, l'empereur Rodolphe con-
firma à Insprück, pour la troisième fois, et d'une façon générale et vague, les droits et coutumes du Rosemont ; mais sa
chancellerie mit dans l'envoi de cet acte une telle lenteur et

---

[1] Archives du Haut-Rhin, fonds Mazarin, L. 66.
[2] Duvernoy, p. 58 et 92.
[3] Schœpflin, *Alsatia Diplom.*, n° 1376, II, p. 402.
[4] Archives du Haut-Rhin, fonds du Domaine, carton 4, dossier J.

mauvaise grâce que, nonobstant le payement des frais et malgré toutes sortes d'instances, l'expédition n'était pas encore parvenue dans la vallée deux ans après [1].

A cette date, la maison d'Autriche luttait depuis un demisiècle contre ses vassaux du Rosemont à propos de la pêche, de la chasse, des eaux et des forêts. Par des règlements spéciaux sur ces matières, elle avait porté de graves atteintes au statut primitif de la vallée. Les sujets, forts du texte de leurs us et coutumes traditionnels, résistaient énergiquement à des innovations [2] destinées à accroître les profits de la seigneurie et à multiplier les banalités, cet abus odieux du droit de police et de commandement. L'Autriche, qui n'entendait ni céder ni se départir de ses récents édits, se mit donc, dans un but facile à saisir, à critiquer le document invoqué contre elle, à mettre en doute son authenticité et même son existence, à équivoquer sur le sens et la portée des confirmations qu'il avait reçues des archiducs. En effet elle déclare : 1° le 31 janvier 1570, que le titre dont on se prévaut est sans autorité, parce qu'il n'est ni signé, ni scellé [3]; 2° le 5 décembre 1576, que les approbations antérieures mentionnant expressément l'abolition de la mainmorte sans parler de la chasse, de la pêche, des eaux et forêts, les coutumes des Rosemontois sur ces matières doivent être considérées comme des usurpations abusives, et que par conséquent il y a lieu de les débouter de leur demande en sanction de ces prétendus anciens usages [4]; 3° le 30 avril 1579 que, recherche effectuée dans les archives des régences d'Ensisheim et d'Insprück, on n'a point découvert le texte des franchises alléguées sur ces sujets, et que désormais les Rosemontois devront s'en tenir aux mandements généraux et priviléges promulgués par l'archiduc Ferdinand [5]. Ces déclarations étaient sans sincérité. Les Mazarin firent plus encore que les archiducs. Dans leurs contestations avec leurs vassaux, ils soutinrent avec éclat et sans ambages que « les cou-

[1] Lettre de réclamation du 27 mai 1605. — Archives du Haut-Rhin, C. 673.

[2] Voir notes 14, 18, 20, 33, 34, 35, 36, 38, 39, 42, 44 et 45.

[3] Archives du Haut-Rhin, fonds Mazarin, L. 66. — Voir notes 20, 44 et 45.

[4] Archives du Haut-Rhin, C. 375 et 424, fonds Mazarin, L. 66. — Voir notes 20, 44 et 45.

[5] Archives du Haut-Rhin, fonds Mazarin, L. 7. — Voir note 20.

« tumes du Rosemont étaient un misérable recueil indigeste
« d'usages, dépourvu de tout caractère légal et fabriqué par un
« faussaire dans l'intérêt exclusif de ses vassaux, un misérable
« chiffon sans auteur, sans commencement, sans fin, sans date
« et sans aucune forme. Car, si l'on demandait aux commu-
« nautés du Rosemont en quel temps et de quelle autorité a été
« faite la compilation de ces prétendues coutumes, qu'auraient-
« elles à répondre? Si on leur demandait à voir le préambule
« et la fin de cette rapsodie, que diraient-elles? Si on leur de-
« mandait à produire l'original, quel serait leur embarras?...
« Ces prétendus statuts ont été si peu considérés comme des ti-
« tres, que jamais ils n'ont pu autoriser les habitants du Rose-
« mont à usurper les droits qu'ils s'y donnent libéralement. Il
« est bien des seigneurs bas justiciers qui n'ont pas les préroga-
« tives que cette indigne rapsodie leur attribue. Et, au droit de
« battre monnaie près, on ne pouvait leur accorder plus... Ces
« prétendus usages ne sont donc qu'une agréable chimère dont
« se repaissent les gens du val de Rosemont, et leur fanatisme à
« propos de ces prétendus droits n'est pas nouveau [1]. » Mais ces
exagérations intéressées et ces accusations malveillantes ne devaient point avoir écho en une justice impartiale. Aussi, de tout
temps, la coutume du Rosemont passa pour un titre sérieux,
énonçant les droits du seigneur et de ses sujets, devenu officiel
par les approbations archiducales. Elle a été proclamée telle à
diverses reprises, avant la révolution, par la maîtrise des eaux
et forêts d'Ensisheim et par le Conseil souverain d'Alsace, de
nos jours par le tribunal de Belfort et la Cour impériale de
Colmar [2]. Cette appréciation n'est-elle pas de la plus stricte
équité? Et n'y avait-il pas une étrange contradiction dans le
langage et la conduite de la seigneurie, qui s'appuyait sur ce
titre toutes les fois qu'il s'agissait de réclamer de ses vassaux
une prestation quelconque, et qui déniait autorité à ce même

---

[1] Archives du Haut-Rhin, fonds Mazarin, L. 7 et 66.

[2] Sentence de la maîtrise des eaux et forêts d'Ensisheim, 15 juin et
15 septembre 1699 ; arrêts du Conseil souverain, 9 septembre 1733, affaire
de Chaux et de Sermagny; 7 avril 1739, affaire Cuenot. — Archives du
Haut-Rhin, fonds Mazarin, L. 7, et fonds du Domaine, loc. cit. — Voir en
outre note 36. — Jugement de Belfort, 11 avril 1828, et arrêt de Colmar,
15 février 1838 dans Neyremand, Recueil des arrêts de cette Cour, XXXIV,
p. 271.

titre toutes les fois qu'il s'agissait de reconnaître à ses sujets un droit quelconque ?

VI

A ce titre ancien et reconnu authentique des usages du Rosemont, j'ai joint des notes pour l'éclairer et surtout le compléter. J'ai mené jusqu'à la révolution de 1789 l'histoire des institutions politiques, administratives et judiciaires de cette vallée à l'aide de documents épars, peu connus et même totalement inédits[1]. On verra dans l'appendice les changements apportés au statut primitif, combien la condition des sujets fut aggravée par ces innovations, quelles émotions ardentes et passionnées en découlèrent, et avec quelle opiniâtre énergie les Rosemontois défendirent les traditions de leurs ancêtres et leurs droits immémoriaux. Ces luttes entre seigneur et vassaux constituent le fond de l'histoire de ce petit pays ; car, ainsi que nous l'avons vu plus haut, les événements militaires ne jouent dans son existence qu'un rôle restreint et secondaire.

VII

Les coutumes du val d'Orbey, que j'ai publiées l'an dernier[2], formaient en raccourci une législation générale. Elles touchaient à toutes les branches de la jurisprudence. Ce caractère manque à celles du Rosemont. Elles sont, avant tout, une charte politique où l'on traite avec étendue des juridictions civiles et criminelles, du taux des amendes, des tailles, des cens, des redevances, des dîmes, des corvées, du service militaire, de la chasse, de la pêche, des eaux, des forêts et des banalités. Le droit civil, sauf trois articles consacrés aux épaves, confiscations et successions, est abandonné pour tout le reste à l'empire de la coutume générale du Sundgau. Moins complet que le coutumier d'Orbey, celui de Rosemont offre sur certains points des détails et des notions qu'on chercherait inutilement dans l'autre ; et par ce côté il devient l'utile complément de notre autre publication, quand on veut étudier les anciennes mœurs de l'Alsace.

---

[1] Je saisis volontiers cette occasion d'offrir mes remercîments à MM. Brièle et Gretscher pour le gracieux empressement qu'ils ont mis à faciliter mes recherches dans les Archives du Haut-Rhin.

[2] Paris. Durand ; in-8°, 1864.

LES

DROITS ET COUTUMES DE ROSEMONT.

Premièrement. Il y doit avoir une justice establie en Rosemont (1), laquelle se doit tenir au village de Chaux (2) pour toutes personnes estrangères et autres qui y auront à faire ; laquelle justice doit estre composée d'un lieutenant (3), qui résidera dans Rosemont, et de neuf juges (4) qui auront pouvoir de juger des causes tant civiles que criminelles ; — et si quelqu'un avait à playder contre un autre devant icelle, ledit lieutenant, au nom du seigneur de Belfort (5), après avoir ouy les parties en leurs demandes, responses et litiscontestation en cause, demandera, ayant le sceptre en main, auxdits neuf juges leur avis et les laissera juger, sans qu'iceux lui anticipent rien, selon leur bon jugement, et ensuite le lieutenant prononcera leur sentence.

2° Ladite justice de Rosemont sera considérée et estimée comme supérieure, et comme celle du seigneur, et puisque la justice de Rougegoutte (6) est une basse jurisdiction, les appels en provenant seront présentés par devant celle dudit Rosemont, commaussi celles de Veselois et d'Arguesans estant comprinses sous celle de Rosemont ; s'il s'y trouvait une partie privée, elle appellera de leurs sentences par devant les neuf juges dudit Rosemont.

3° Par devant lesdits neuf juges de Rosemont seront exhibés les actes, sentences et touttes escriptures, et après les avoir bien et mehurement considérés, rendre la sentence appellatoire dans les quatorze jours (7) s'il est possible, afin que les parties n'ayent suject de se plaindre de leur subterfuge.

4° Item sy deux estrangers se font convenir lun lautre par devant la justice du dit Rosemont, ou soit qu'ils y soient appellez par le magistrat, et estant comparu ne pourront les parties se désister d'icelle avant la congnoissance et sentence d'iceux neuf juges, qui touttesfois devront faire bonne et briefve justice, et que les parties n'ayent suject de sopposer ou se plaindre.

5° Item que sy une partie fait citer une autre, et le deffendeur ne comparoissant pour la première, deuxiesme et troisiesme fois, sans faire ses exceptions et contredits, l'acteur pourra former demande et procès contre ledit deffendeur tout ainsi que s'il y estait présent et conclure à ce qu'il soit contumacé, et ensuitte se devra prononcer une vraye et légitime sentence (8).

Comme il faut procéder en matière criminelle (9).

6° Sy quelqu'un pour son crime est mis aux prisons, ou bien qu'on veuille faire plainte ou accuser un autre de crime, iceluy en devra faire rapport par devant le lieutenant et les neuf juges jurez de la justice de Rosemont.

7° Item sy quelque malfacteur doit estre mis à la torture pour l'interroger, cela se doit faire en la présence du lieutenant et de tous les juges ou la major partie d'iceux. Au défaut de quoy et nestant ainsy observé, les dits juges ne seroient obligez d'en donner sentence.

8° Et après que la confession du délinquant aura esté entendue par le lieutenant et les neuf jurez, iceux pourront faire venir le malfacteur par devant eux touttes et quantes-fois que bon leur semblera ; et suivant qu'iceluy aura confessé, silz trouvent à propos de leslargir, ilz le pourront faire, sinon le jugeront de vie à mort.

9° La sentence se devra prononcer au lieu accoustumé comme l'on a toujours eu fait d'ancienneté, laquelle sera leue hautement et intelligiblement ensemble des confessions du délinquant, qu'un chacun la puisse entendre et comprendre.

10° Laquelle sentence estant donnée, il est au pouvoir et plaisir de Sa Majesté, ou à son conseil, de l'adoucir ou faire grâce au délinquant (10).

11° Et au cas ladite sentence soit approuvée par le Roy ou son conseil, le délinquant sera condamné et délivré par le lieutenant au maître des hautes œuvres (11) pour estre exécuté selon la sentence prononcée par les juges aux frais et despens du seigneur du lieu.

12° Dailleurs sy le condamné sesvade par la négligence du bourreau, il eschera aux peines et amendes du seigneur.

13° De plus, lesdits justiciers ont ce privilége qu'en cas un estranger fut mis rier eux aux prisons pour crime et quiceluy fut répété par son seigneur, iceux ne seront tenuz de luy laisser ensuivre le prisonnier, et de mesme lesdits jurez ne seront obligez de répéter un des leurs qui seroit aux prisons d'un seigneur estranger ny le faire eslargir (12).

14° Sy quelqu'un homicide un autre (ce que Dieu ne veuille) et il sesvade et se retire en quelque pays estranger en sorte qu'on ne le puisse appréhender pour le rendre ès prisons, le lieutenant ensemble des neuf juges se transporteront au lieu où l'homicide s'est perpétré, il fera un cercle aux quatre entrées où il fera assoir la justice, devant laquelle le fugitif délinquant sera cité, et au cas il ne comparoist sera restably un autre jour où iceluy délinquant sera readjourné aux quatre ouvertures, et au cas il ne comparoisse, sera encore réassize la justice pour la troiziesme fois, ou ledit délinquant sera appelé aux quatre ou-

2

vertures, et ne comparroissant point, sera fait felonité, et suivant les tesmoingnages et informations prinse de fait, et sera jugé par eux, selon leur bon jugement, conformément aux ordonnances criminelles de l'Empereur (13).

Des amendes qui sadjugent en la justice de Rosemont et à qui elles devront appartenir et les personnes que lon doit salarier d'icelles (14).

15° Qu'en la justice de Rosemont il ne sadjugera aucune amende plus haute de trente ou soixante solz (15) ;

Que lesdites amendes, petittes ou grandes, appartiendront au seigneur dudit Rosemont (16).

16° Et dautant qu'un lieutenant de ladite justice n'est pourvu d'aucun gage touchant ladite justice, devra tirer de chaque amende quatre solz à cause du scel qu'il a rier luy, et pour la peine qu'il y prend (17).

17° Item sy quelqu'un actione un autre doit avoir douze solz de chaque amende de soixante solz, et de trente solz six, et des petittes amendes trois solz, et rien plus.

18° Sy quelqu'un a forfait la vie dont la mort sen doive ensuivre, les biens d'iceluy au cas il naye héritiers légitimes de son corps seront eschus et confisquez au seigneur de Rosemont (18).

19° Néantmoins les biens que sa femme aura apportés avec luy et ceux quelle aura hérités de son estoc retourneront à sadite femme.

20° Item un chacun suject de Rosemont est obligé de contregarder son honneur et son serment (19) ; que sy de propos délibéré il contrevient à iceux doit eschoir aux amendes du seigneur.

21° Item sy quelqu'un est trouvé coupant du bois ès forrests du seigneur sans le sçu et voulloir du prevost ou du forrestier, payeront l'amende, scavoir de la tige de folz (hêtre?) soixante solz, et de chaque chaisne trente solz (20).

22° Mais sy les habitans de Rosemont avaient emmenez le bois sy loing que depuis là le forrestier ny peut jetter sa coignée jusqu'au tronc qu'il aurait coupé, en sera quitte et exempt sans en payer aucune amende (21).

Du raimbage des gages.

23° Sy pour quelque dispute, ou bapture, ou d'une succession, un gage est emporté, iceluy gage doit estre restitué en payant neuf solz ballois (22) dans le terme d'un mois.

Des biens trouvés.

24° Tous les biens trouvés (23) au val de Rosemont seront mis en despost rier les officiers de la seigneurie, ou bien à ceux qui en auront charge, le temps de quarante jours, et sy dans ce terme lesdits biens ne sont repetez seront eschuz à la seigneurie.

S'ensuit a quoi les sujects de Rosemont sont attenuz et obligez à la seigneurie.

25° Seront lesdits sujects de Rosemont obligez de servir la seigneurie avec une pique pendant que le seigneur régnera, ou au colonel quil aura establi, toutes et quantes fois qu'ils en seront advertys (24).

26° Feront aussy lesdits sujects les courvées annuellement, telles que de coustume, comme de charrue et de fauschée, et pour récompense leur sera honnestement donné à manger et à boire (25).

S'ensuit ce que les mayres doivent avoir pour une récompense.

27° Et d'autant que dans le val de Rosemont il n'y a aucun sergent estably qui se mesle des affaires de la justice pour faire les commandements et deffenses, les barrer, gager et vendre, et que telles choses s'expédient par quatre mayres, comme celuy de Chaux, Vécemont, Rougegoutte et Esloys, un chacun en sa mayrie, devront avoir de chaque commandement et deffense et de chaque barre pour récompense quatre deniers (26).

Des tailles, censes en argent, poulles et autres redevances.

28° Item les cy apres nommez mayres de Chaux, Vécemont, Rougegoutte, Esloys, Vezeloys, Arguesans et Estueffond doivent annuellement à la seigneurie quatre cens livres balloixes de tailles payables la moitié en mars et l'autre moitié en octobre (27).

29° Desquelles quatre cens livres de tailles, en doivent estre défalquées cinquante livres pour la fondation que madame N*** marquise, a faite à l'hospital de Belfort et qui seront payées audit hospital (28).

30° Et tous ceux qui sont redevables des censes d'avoines payeront d'un chacun bichot d'avoine deux solz ballois et quatre poulles, ainsi qu'il est plus amplement porté au registre de la seigneurie (29).

31° Item les dixmes de seigle et d'avoine (30) dans lestendue de Rosemont, tant haut que les monts, appartiennent au seigneur, excepté les dixmes des Esglises et autres dixmes seigneuriaux, et sera payé de chacun bichot une livre de cyre.

32° Item seront tenus lesdits mayres de livrer les dixmes au chasteau de Rosemont, sur le grenier, à leurs propres frais et despens (31).

33° Item de chaque fuage depuis le pont du Val d'hoye en haut une poulle à la seigneurie, pour lesquelles poulles on laissera ensuivre aux dits sujects du bois pour leurs fuages hors des vieux bois marquez appartenant à la seigneurie (32).

34° Item ceux qui ont des cyes ou raisses de planches d'autant quilz prennent du bois en forrest de la seigneurie pour faire planche (33), payeront les censes ainsi qu'il est porté au registre de la seigneurie.

35° Item les sujects de Rosemont, depuis le pont du Valdhoye en haut, sont obligez de payer annuellement cinquante solz de taille pour leur maison.

S'ensuivent les droicts et coutumes desquelles se servent encore de présent les sujects et habitans du val de Rosemont depuis le pont du Vald'hœje en haut.

36° Premièrement, les habitans de Rosemont, depuis le pont du Vald'hoye en amont, n'ont et n'ont éhus aucun moulin bannal (34) ny ribe quon les y puisse contraindre, comme de fait ilz ne doivent estre obligez d'en avoir.

37° Lesquelz habitans ont le privilége de pouvoir ériger sur leurs propres fonds four, moulin et ribes, et les faire construire sur les eaux (35).

38° Item que sy quelqu'un desdits habitans de Rosemont, depuis le pont du Vald'hoye en haut, estoit en resolution de voulloir bastir une maison, un four, moulin ou ribe, ou autre bastiment, ou bien qu'il voullut faire quelque réparation en sa maison, cour et moulin, demandera au prevost ou forrestier du bois autant qu'il en aura nécessaire, lequel ne fera aucune difficulté de luy en donner, puisque telle chose est pour le profit et utilité du commun, et devra iceluy habitant donner audit forrestier pour iceluy bois trois solz et rien de plus.

39° Et au cas que quelqu'un voullut sesmanciper de son autorité privée, et sans permission emmener du bois pour son bastiment, ou bien pour quelque réparation hors des forrestiers de la seigneurie, iceluy sera obligé de convenir et traicter avec le seigneur pour lamende en laquelle il sera eschu.

40° Que sy quelqu'un desdits habitants de Rosemont couppe un arbre et le billionne, les branches appartiendront au premier qui les trouvera et les pourra emmener.

41° Et si quelque habitant avait coupé ou abatu un bois et qu'il eût laissé la tige par terre jusques à ce quil y aurait cru quelques espines pardessus ou autre chose, sera loisible à un autre habitant, sans en advertir celui quil laura coupé, de l'emmener pour son usage.

42° Sera aussi loisible auxdits habitans de Rosemont d'extirper les bois de leurs forrests, desquelles ilz payent annuellement cense d'avoine pour y labourer et semer.

43° Lesquelz ne seront attenuz à autres choses pour lesdites forrests, sinon les rentes d'avoine et les dixmes lorsquilz y semeront.

44° Que, sy dans lesdites forrests il sy trouvoit quelque bois pour bastir, ilz le pourront faire abatre ou le vendre pour argent à quelqu'un ou bien le donner pour rien à qui bon leur semblera.

45° Et devront les quatre mayres de Rosemont, puisquilz sont obligez avec les autres de lever les tailles et les délivrer, estre exempts des dites tailles sans en rien payer.

46° Auxquelz habitans, depuis le pont du Vald'hoye en haut, est permis de faire des estangs de leurs propres champs, prez et forrests comme bon leur semblera.

47° Et ne seront lesdits habitans de Rosemont obligez de payer à qui que ce soit aucune gerbe, sinon la dixme, excepté pour l'entretien de la garde du chasteau de Rosemont (36); et que sy davanture on n'y faisait aucune garde, ne seront attenuz de donner aucune gerbe.

48° Item auront lesdits habitans de Rosemont cette liberté et franchise de pouvoir aller par tous les marchés, foires de cette seigneurie (37) achepter touttes sortes de viandes (38), comestibles, et touttes sortes de danrez, selon que la nécessité le requiert, pour en faire leur bon profit et plaisir.

49° Commaussy pourront lesdits habitans faire conduire l'eau des rivières sur leurs biens en reconpensant iceluy à qui on porte dommage ou perte (39).

50° Item que sy un des sujects du val de Rosemont voulloit faire racomoder son charriot pour faire avec iceluy les courvéez à la seigneurie, lui sera donné du bois à sa réquisition par le forrestier, qui aura pour son droict quatre deniers et rien davantage.

Des successions.

51° Item que lesdits habitans soy hériteront les plus prochains en consanguinité, de manière que le plus proche parent héritera le déffunct, et exclura le plus éloigné, ainsi qu'il est à voir amplement par une lettre quilz ont en main, faite au profit desdits habitans, scelée de feu monseigneur l'archiduc d'heureuse mémoire (40).

Des vins bannal, engal et peages.

52° Les sujects de Rosemont ne seront obligez d'avoir et débiter des vins bannaux comme en d'autre lieu (41). Ils ne seront imposez ny ne payeront aucun engal (42) ny peage (43); ainsi en seront du tout quitte.

De la pesche (44).

53° Les habitans dudit Rosemont ont cette immunité et franchise de pescher avec la main, le borron, la nefse et en quelle façon et manière qu'il leur plaira, èz rivières de Rosemont depuis le pont de Vald'hoye en haut, sans empescher touttesfois l'eau, ny la dériver, ou la conduire hors de son cours naturelle.

54° Commaussy le prévost dudit Rosemont de son plaisir peschera èsdites rivières de Rosemont, sans porter dommage ou empeschement auxdits sujects, et ny commettra ny ordonnera aucun pescheur, afin que lon ny soit contrainct de deffendre les eaux et les mettre en ban.

De la chasse (45).

55° Lesdits habitans de Rosemont ont aussi ce privilége de temps immémorial de chasser avec leurs chiens au sanglier, et au lièvre, et à touttes autres bestes sauvages, fors le cerf et le chevreux, à condition quilz rendront d'un sanglier le premier quartier jusques à onze costes, et des lours la hure et les quattre pattes.

56° Et sy par hasard un desdits sujets de Rosemont allait avec son chien dans la forrest, ou bien chassast avec d'autres chiens, et il rencontrast un cerf ou chevreux, et quil labastit et le print, iceluy n'encourra aucune peine, moyennant rendant a lavandit illustrissime seigneur lé premier quartier desdites bestes.

Pour copie collationnée authentique.

D. VIEILLARD,
Notaire.

Signifié et de la présente lessé et livré copie à M. de la Fillez, intendant des affaires de monseigneur le duc de la Meilleraie, en son domicile, à Belfort, où estant et parlant à sa personne, par moi sergent soubsigné, pour y respondre dans le temps de l'ordonnance. A Belfort, le 15 octobre 1697.

B. HENGENOT.

NOTES.

(1) UNE JUSTICE. — Les premiers mots de la coutume signalent à l'attention du lecteur l'importante institution que les jurisconsultes anciens caractérisaient par les termes : *jurisdictio*, *honos* et *districtus*, c'est-à-dire le pouvoir des justices, leurs droits honorifiques et leurs profits. Chacun de ces termes mérite un examen spécial. Je vais, sous l'article 1 du coutumier, rechercher quelle a été l'organisation judiciaire du Rosemont, quelles vicissitudes et transformations elle a subies. Les droits honorifiques et utiles attachés à cette justice seront successivement relevés sous les articles 2 et 15.

Le seigneur de Rosemont, « *image réduite* de l'Empereur, général juge « sur le corps et l'avoir de tous ses sujets, » (Miroir de Souabe, 2e part., chap. LXII, édit. Matile) avait dans sa terre des tribunaux qui administraient la justice en son nom.

I. JUSTICE CIVILE ET CRIMINELLE. — La plus ancienne organisation de ces tribunaux, celle qui dérive immédiatement des lois barbares et des capitulaires, me paraît avoir été la suivante :

Au premier degré, la *mairie*, composée d'un ou plusieurs villages et connaissant des affaires locales de minime importance à intervalles irréguliers ou déterminés, comme par exemple dans les plaids tenus à Etuffont, au printemps et à l'automne. (Archives du Haut-Rhin. Fonds Mazarin, L. 11, 12 et 66.) On comptait primitivement dans la seigneurie de Rosemont sept mairies, savoir : dans le haut Rosemont, celles de Chaux, de Rougegoutte, de Valdhoye et de Vescemont ; dans le bas Rosemont, celle d'Argiésans et de Vézelois ; enfin celle d'Etuffont. (Art. 27, 28 et 45 du Coutumier. — Voir *supra*, Introduction, et *infra*, note 27.)

Au deuxième degré, *la justice supérieure de la seigneurie*, qui connaît en matière civile des appels relevés contre les sentences rendues par les mairies ou les basses justices. Les quatre mairies du haut Rosemont, et les deux du bas Rosemont, vont à Chaux, où les contestations sont vidées par neuf juges sous la présidence du lieutenant ; et la mairie d'Etuffont, à Rougemont, sa justice d'origine. (Art. 2 du Coutumier. — Archives du Haut-Rhin, *loc. cit.* — Urbaire de Belfort en 1472 dans la *Revue d'Alsace*, 1860, p. 155.) Les justices de Chaux et de Rougemont statuent en dernier ressort sur toutes les matières criminelles.

Ces deux degrés de juridiction, la mairie et la justice seigneuriale, sont dominés à leur tour conformément aux traditions de l'Allemagne par un troisième (cf. mes Coutumes d'Orbey, p. 30, note 19) : la *justice du château de Belfort*, qui statue en dernière analyse au rapport du lieutenant sur les litiges civils et domaniaux qui lui sont déférés par les parties. Deux choses sont à noter dans ce tribunal : 1º sa composition où l'élément populaire, ce principe vivace des juridictions alsaciennes, est remplacé, complètement, par l'élément seigneurial, par les quatre baillis des quatre districts du comté de Belfort, auxquels on adjoint le receveur et le tabellion ; 2° ensuite sa souveraineté juridictionnelle : « *En cette justice de Belfort ny a point de* « *renvoi pour ce que cest haute justice de prince et métropolytaine. La dyte* « *justyce de Belfort est métropolytaine de tous les syéges et de toutes les* « *justyces de la terre de Rosemont.* » (Urbaire de Belfort, *Revue d'Alsace*, 1860, p. 153.)

Le château de Belfort garda cette omnipotence judiciaire jusques en 1523. A cette époque, les archiducs d'Autriche, seigneurs du Rosemont et comtes de Belfort, la lui ravirent par la création de la régence d'Ensisheim, à laquelle ils attribuèrent la connaissance de toutes les causes, avec appel à la chambre impériale d'Insprück. Il convenait en effet à ces princes et à leur politique que des légistes habiles, mêlés à la noblesse, dirigeassent l'administration et la justice, de façon à agrandir le plus possible leur autorité personnelle et à grossir leur trésor obéré de tous les profits régaliens, sans porter une atteinte trop directe et trop éclatante aux franchises et priviléges de leurs Etats héréditaires. Tels furent la mission et le rôle des chambres archiducales, en révisant les décisions des juridictions subalternes. (Ord. de 1523, 1544, 1570 et 1573. Archives du Haut-Rhin, fonds de la régence, C. 4 et 5 ; M. Brièle, *la Régence d'Ensisheim,* dans les *Curiosités d'Alsace*, I, p. 13.)

Ainsi, dans le Rosemont, cinq tribunaux s'élevaient hiérarchiquement les uns sur les autres. Cette gradation complexe, onéreuse, pleine de retards, donna souvent aux plaideurs la tentation de s'en affranchir ; et plus d'une fois on fut obligé de leur rappeler qu'avant d'aborder la juridiction supérieure, il fallait épuiser les inférieures. (Archives du Haut-Rhin, C. 151.) Malgré tous ses inconvénients, cette gradation ne subit aucune altération. Quand le traité de Munster eut réuni l'Alsace à la France (1648), quand le cardinal de Mazarin fut devenu en Rosemont le successeur des archiducs (1659), les choses changèrent de face. Une organisation judiciaire simple, à deux degrés de juridiction seulement, remplaça le régime autrichien si compliqué et si dispendieux.

En effet, en 1657, on établit, au lieu des régences d'Ensisheim et d'Insprück, un conseil provincial d'abord, souverain ensuite, pour connaître, décider et juger en dernier ressort toutes les causes civiles et criminelles de l'Alsace. (Ord. d'Alsace, I, p. 2. — Pillot et de Neyremand, *Histoire du conseil souverain.*)

Et en 1675, ce conseil supprima tous les juges de ressort établis par les seigneurs dans leurs terres. Dans le Rosemont, cette mesure frappa de mort les mairies et la justice de Chaux. Il ne resta à la seigneurie d'autre tribunal de première instance avec appel direct au conseil souverain que la juridiction du château de Belfort, composée ainsi que je l'ai dit plus haut.

Cette grave modification aux anciens usages ne fut acceptée ni par le seigneur ni par ses sujets, mais pour des motifs différents. M. de Mazarin tenait, dans un intérêt d'autorité, à avoir des juges de ressort. Et ses vassaux, habitués à trouver un magistrat sous leur main, se résignaient difficilement à l'aller chercher à Belfort avec un déplacement onéreux. De ce double mécontentement sortirent des attaques contre l'arrêt du conseil souverain.

Le duc de Mazarin ouvrit le feu en le déférant au Parlement de Metz. Le succès que cette compagnie accorda à son appel (7 janvier 1678), ne dura que vingt jours, car le conseil d'Etat, en maintenant par arrêt (28 janvier 1678) autorité et force au règlement du conseil souverain d'Alsace, fit irrévocablement pour le Rosemont, du château de Belfort, un premier degré de juridiction en toutes actions civiles et criminelles, réelles et personnelles (Ord. d'Alsace, I, p. 53).

Aller plaider à Belfort, c'était pour les gens de la vallée un assujettissement dur et onéreux : par attachement à leurs vieilles coutumes aussi bien que par intérêt, ils auraient désiré conserver en première instance une justice rapprochée d'eux, une justice populaire et consacrée par le temps, la justice de Chaux, le lieutenant avec ses neuf juges. Ils la réclamèrent successivement et au duc de Mazarin et au conseil d'Etat, mais sans résultat ni succès, en 1678. Leur requête, renouvelée en 1742, n'eut pas meilleure issue. Tout ce qu'on fit pour eux dans l'intervalle de ces deux dates, ce fut d'obliger les quatre baillis du comté à être gradués (Ord. de 1686). Le temps n'éteignit point leurs désirs, et en 1746 une occasion de les réaliser s'étant présentée, ils la saisirent avec empressement.

Dans les premières commissions données par les Mazarin aux quatre baillis du comté, il était dit que ceux-ci se réuniraient à Belfort pour décider en commun les procès de leurs districts respectifs. Cette clause ne fut pas reproduite dans les provisions subséquentes. Le bailli de Rosemont, de concert avec les communautés, s'empara de cette lacune pour démontrer l'incompétence de ses collègues à juger les affaires de son territoire, et en argumentant des itératives défenses aux baillis de juger hors de leur circonscription (Arrêts de 1703 et de 1725 dans les Arrêts notables, II, p. 259, et Ord. d'Alsace, I, p. 581), il demanda la séparation des justices du comté. Avec l'adhésion du procureur général il obtint, le 11 juillet 1746, arrêt par lequel le conseil souverain d'Alsace interdisait à ses collègues de connaître désormais soit au civil, soit au criminel, d'aucun cas dans l'étendue du bailliage de Rosemont. Cette séparation des justices du comté mécontenta au plus haut degré les autres baillis et la famille de Mazarin, qui obtinrent du Roi, sur leurs réclamations communes, des lettres maintenant l'ancienne union des quatre justices du comté de Belfort (11 mars 1747). Le bailli et les communautés de Rosemont s'opposèrent à l'enregistrement de ces patentes. Après de longs pourparlers, il intervint enfin sur ce conflit et entre toutes les parties une transaction (28 février 1752) qui fut ratifiée par Louis XV et enregistrée au conseil souverain (Archives du Haut-Rhin, fonds Mazarin, L. 79). Elle portait les conditions suivantes : A l'avenir chaque bailli du comté rend justice, dans son district seulement, tant au civil qu'au criminel, à tous les justiciables de son bailliage à charge d'appel au conseil souverain d'Alsace. En cas d'absence, de maladie ou autre empêchement, les juges se suppléent réciproquement. Chacun instruit dans son territoire les procès criminels et se fait assister respectivement par ses collègues pour les jugements définitifs sans pouvoir appeler d'autres juges gradués, hors les cas d'empêchement légitime. Néanmoins les causes, instances ou procès dans lesquels le seigneur de Rosemont se trouve intéressé, doivent être portés et jugés à Belfort par tous les juges du comté ou au moins par deux d'entre eux en cas d'absence, maladie ou légitime empêchement du troisième. Il en est de même pour la gruerie, les bois et forêts, la chasse et la pêche. Les vacations et émoluments des affaires appartiennent en entier à celui des juges du ressort d'où elles proviennent et dans le district duquel les délits ont été commis. Les audiences pour les affaires du district de Rosemont sont tenues par les juges réunis à Giromagny le premier samedi de chaque mois, tandis qu'ils siégent à Belfort le lundi pour les districts de Belfort, d'Angeot et de l'Assise (Ord. d'Alsace, II, p. 409). Cette transaction resta jusqu'à la révolution la charte dernière de l'organisation judiciaire du Rosemont, et il n'y fut dérogé que sur un point : les baillis furent autorisés à ne plus se déplacer et à tenir audience dans leur prétoire respectif, lorsqu'ils étaient obligés de rendre la justice l'un pour l'autre (Arrêts des 23 janvier 1761 et 26 novembre 1773. — Ord. d'Alsace, II, p. 441). .

II. JUSTICE DES MINES. — Dans le cours du quinzième siècle, l'exploitation des mines de cuivre, de plomb et d'argent du Rosemont, prit un développement considérable. Les archiducs, à l'imitation des rois de France et des ducs de Lorraine (Denizart et de Rogéville, v° *Mines*), jugèrent alors nécessaire, afin d'éviter tout conflit avec leurs autres officiers, de déterminer exactement les pouvoirs de l'agent supérieur préposé à la surveillance spéciale des travaux et des ouvriers. Ce fut l'objet des ordonnances de 1462, 1560 et 1562. Je me borne à rapporter la traduction de cette dernière ordonnance, qui résume les précédentes et qui est demeurée en vigueur jusqu'à la révolution :

« Le *Bergerichter* (prévôt des montagnes) aura pouvoir et autorité — sur
« tous les ouvriers des mines, tels que écrivains, charbonniers, fendeurs
« de bois, mineurs, maréchaux et autres, — sur tous leurs biens et salaires
« journaliers. .

« Un mineur, devenu incapable de travail et continuant à demeurer
« dans une des localités du Rosemont, restera toujours sous la juridiction
« du prévôt. S'il se met en service ailleurs, il sera pour lors obligé aux
« ordres, coutumes et droits de sa résidence.

« Le prévôt punira tous ses justiciables des fautes qu'ils commettront,
« pourvu que ces fautes ne soient point des crimes capitaux (*maleficia*),
« auquel cas les criminels devront être jugés par la justice de la ville où
« du pays, après cependant que le prévôt et ses jurés auront pris connais-
« sance de l'affaire.

« Si dans un mouvement de colère, dans le vin ou autrement, quelques
« personnes s'injurient et se font réciproquement tort, le prévôt pourra les
« mettre d'accord lorsqu'elles ne persévéreront point dans leurs injures et
« dans leurs torts. Quand au contraire elles y persisteront, il renverra les
« contendants à la justice de la ville ou du pays pour qu'elle les pacifie. .

« S'il y a indices ou preuve de crime, ou crime tout à fait manifeste con-
« tre quelques employés des mines, la justice de la ville ou du pays pourra

« mettre la main sur les coupables sans empêchement du prévôt, et pro-
« céder ensuite contre eux suivant les formes habituelles.

« Si un ouvrier des mines vient à mourir par voie de justice, le prévôt fera
« inventaire de tous ses biens, les gardera et agira comme si cet ouvrier
« vivait encore, selon le droit observé de toute ancienneté dans les mines
« et montagnes : mais la justice de la ville ou du pays disposera du corps
« du criminel, sans aucune contradiction du prévôt.

« Quand un mineur ou un employé des mines mourra, le prévôt nom-
« mera un tuteur à ses enfants, dressera inventaire des biens du défunt,
« partagera son patrimoine entre sa veuve et ses héritiers ; et s'il surgit
« quelques difficultés, il les terminera amiablement ou judiciairement aux
« frais de l'hérédité.

« La femme du défunt, tant qu'elle restera veuve et ne prendra aucun
« service étranger, ainsi que les enfants, demeureront sujets du prévôt à
« la vie et à la mort, excepté seulement pour les cens de terre et les droits
« de paysans définis par la coutume du pays.

« Le prévôt a pouvoir sur tous les biens des ouvriers, pendant leur vie
« et après leur mort, sans empêchement des autres justices, non compris
« toutefois les nobles, leurs biens et privilèges.

« Les ouvriers cultivant dans la montagne la vigne, les céréales ou au-
« tre chose, ayant des maisons ou des biens-fonds, et exerçant le travail
« des mines, sont soumis au prévôt pendant leur vie. Après leur mort,
« celui-ci dressera inventaire exact de leurs biens, en donnera connais-
« sance à la veuve du défunt, et fera toutes les autres choses nécessaires,
« sans contradiction de la justice de la ville ou du pays.

« Les personnes qui demeurent dans les villes ou pays du Rosemont,
« tiennent hôtellerie ou trafiquent de quelque marchandise sont soumises,
« pour leur personne et leurs biens, à la juridiction de la justice de la ville
« ou du pays, laquelle fera à leur décès inventaire de tous leurs biens, en
« agira et disposera avec bonté, selon les droits du pays et sans empêche-
« ment du prévôt, quand même elles auraient quelque bien dans les mon-
« tagnes, car dans ce cas le moins suit le plus.

« Les ouvriers seront payés avant tout de leurs salaires, sans frais in-
« justes. S'ils éprouvaient un préjudice qui les contraignît à se plaindre,
« et s'ils étaient envoyés en possession de quelque bien sur la montagne,
« le prévôt leur ferait bon par taille, selon le droit des montagnes.

« Si quelques bourgeois des villes ou du pays cultivent la terre dans la
« montagne, le prévôt aura autorité pendant leur vie sur ce bien de la
« montagne, et le reste du patrimoine de ces personnes sera soumis à la
« justice de leur localité qui en disposera pendant leur vie et après leur
« mort, selon ce qui a été ci-dessus déterminé.

« S'il est nécessaire de rendre témoignage devant la justice des mines,
« de la ville ou du pays, si le nombre des témoins du côté des mines est
« plus grand que celui de la ville ou du pays, cette justice obligera alors
« ses sujets à aller déposer devant le prévôt. Celui-ci agira de la même
« façon pour ses justiciables en semblable cas. Lorsque le nombre des té-
« moins sera égal, il suffira de prendre témoignage devant une seule jus-

« tice pour éviter les frais. On pratiquera cette méthode alternativement.

« Lorsqu'on édictera un commandement général pour l'Alsace ou le
« Sundgau, la publication s'effectuera en présence de la justice des mon-
« tagnes et de la justice de la ville ou du pays. Mais si le commandement est
« particulier et ne regarde qu'une justice, la publication aura lieu devant
« cette justice, sans réquisition ni présence de l'autre.

« S'il y a une assemblée et réunion pour la défense du pays, et si l'on
« choisit à cet effet des personnes et des mines et du pays, l'ouvrier des
« mines qui aura des biens sous une justice de la ville ou du pays sera
« obligé de contribuer en toute façon avec la ville et de marcher s'il est re-
« quis, tandis que celui qui n'aura pas de biens ailleurs demeurera com-
« plétement sous l'autorité du prévôt. Aucune partie ne devra molester
« l'autre en cette affaire. Chacun choisira et prendra les siens paisiblement,
« ainsi qu'il vient d'être dit.

« Quand des mineurs ou autres employés des mines auront querelle ou
« dispute, ou commis des voies de fait, soit entre eux, soit avec des étran-
« gers, le premier officier de justice qui arrivera sur les lieux, qu'il soit de
« la justice du pays ou des montagnes, imposera la paix et pourra mettre
« le délinquant en prison. On obéira en tout à cet officier. Ensuite le prévôt
« enverra le bourgeois à la seigneurie supérieure pour le punir. De même
« la justice de la ville ou du pays enverra au prévôt les mineurs, coupeurs
« de bois, charbonniers, fondeurs et autres employés, sans les retenir en
« aucune manière.

« En tout temps les justices entretiendront bonne paix, concorde et cor-
« respondance. Elles ne permettront pas que leurs justiciables se moles-
« tent réciproquement. Elles établiront une bonne police pour empêcher
« toute querelle. Si l'on agit à l'encontre, chacun châtiera les siens sévère-
« ment, selon la nécessité, par l'amende ou la prison.

« Les justices des villes et du pays donneront ordre formel à leurs sujets
« de recevoir les mineurs ou autres ouvriers des mines, paisiblement, sans
« les rudoyer et de leur fournir à juste prix tout ce qui leur sera nécessaire,
« sans leur rien vendre plus cher qu'aux autres. Dans le cas où cela ne se
« pratiquerait point, le prévôt s'en plaindra par écrit aux officiers du lieu,
« qui renouvelleront les recommandations sous peine de châtiment.

« Les bouchers seront obligés par chaque justice, tant des villes que du
« pays, de vendre de la bonne viande, toute l'année, les samedis et autres
« jours de la semaine, aux mineurs, fondeurs et autres ouvriers des mines,
« et de leur donner bon poids pour leur argent.

« Les boulangers doivent, sous peine de grosses amendes, ne point mener
« de pain aux montagnes avant qu'il n'ait été préalablement visité et taxé
« suivant la coutume, et ne le distribuer aux ouvriers que contre argent
« comptant. S'ils conduisent du pain trop léger ou non taxé, la justice
« dont ils relèvent les punira. Le prévôt devra veiller à l'observation scru-
« puleuse de ces prescriptions.

« Dans les lieux où l'on a coutume de payer l'*umgeld,* on gardera cette
« ordonnance. Les mineurs ou ouvriers des montagnes, tenant auberge
« dans quelque bourg ou dans le pays et vendant le vin par pinte et me-

« sure, se serviront de la mesure du lieu de la vente et acquitteront
« l'*umgeld*. Ceux qui auront du vin dans leur logis, seulement pour
« les besoins de leur ménage, seront au contraire affranchis de l'*um-*
« *geld*.

« La justice des montagnes ne permettra pas qu'on tienne cabaret, qu'on
« vende du vin par pinte et mesure près des mines. Toute espèce de gar-
« gottes est interdite dans les montagnes à peine d'amende.

« Quant à la chasse, la pêche et le pâturage, ce qui est défendu aux bour-
« geois et sujets est aussi défendu aux mineurs, et ce qui est permis aux
« sujets et bourgeois est aussi permis aux mineurs. » (Ordonnance rendue
le 20 août 1562, par Ferdinand. — Archives du Haut-Rhin, fonds Mazarin,
L. 11 et 58 ; et C. 375, 399 et 400.)

Ainsi le Bergerichter nommé par la seigneurie a dans le Rosemont juridiction sur tous les employés des mines et même sur les personnes étrangères à ces travaux, lorsqu'elles possèdent des biens dans les montagnes,
et compétence pour certaines matières civiles et de police, à l'exception du
grand criminel.

III. JUSTICE ECCLÉSIASTIQUE. — Enfin à côté des deux ordres précédents
de juridiction, il en existait dans le Rosemont un troisième pour le règlement des affaires ecclésiastiques. La manière dont ces affaires devaient être
jugées par l'évêque de Bâle avait été fixée par un traité de 1435 complété
en 1620 (Archives du Haut-Rhin, C. 108 et 109). On sait que, conformément aux lois théodosiennes et canoniques, les ecclésiastiques échappaient
personnellement aux poursuites de l'autorité séculière. Si, en 1605, les
chambres d'Insprück et d'Ensisheim ne permirent point qu'on méconnût
ce principe (Archives du Haut-Rhin, C. 910), elles prescrivirent toujours,
et notamment le 26 novembre 1590, au bailli de Rosemont de ne jamais
tolérer que le tribunal ecclésiastique de Bâle ou de Besançon entreprît sur
ses attributions dans les causes matrimoniales, et connût des délits commis
contre les édits de religion (Archives du Haut-Rhin, C. 113).

(2) La justice seigneuriale du Rosemont a eu successivement son siège :
à Chaux jusques en 1675 ; à Belfort jusques en 1752 ; et depuis ce moment à Giromagny. Cette dernière localité, dont l'existence est constatée
dès 1347 (Trouillat, III, p. 847), avait pris par l'exploitation des mines un
développement considérable et était devenue le centre le plus populeux de
la vallée. Le bailli du Rosemont y avait fixé sa résidence en dernier lieu.

(3) Le lieutenant ou bailli du Rosemont (*Vogt, Statthalter*) est nommé
par le seigneur haut justicier qu'il représente et auquel il emprunte quelques-uns de ses droits honorifiques. Ses attributions judiciaires, administratives et militaires font de lui le personnage éminent de la vallée (Archives
du Haut-Rhin, C. 5. — Cf. Marculfe, lib. I, form. 8. — Cf. Coutumes
d'Orbey, p. 21, note 7).

Aucun document n'indique les conditions exigées pour être investi de ces
fonctions multiples. Suivant toute probabilité, on suivait sous ce rapport
les prescriptions générales du Miroir de Souabe (1re partie, ch. 83 et 87,

édit. Matile), et on demandait à cet officier quatre vertus : la droiture,
la sagesse, la force et la prudence. Toute prévarication de sa part était
sévèrement punie. Pour le mieux garantir contre toute tentation d'exac-
tion, on lui interdit par la suite de se rendre admodiateur des dîmes dans
son district (Mandement du 26 février 1588. — Archives du Haut-Rhin,
C. 53). La charge de bailli n'était donnée à un individu âgé ni de moins de
vingt et un ans, ni de plus de quatre-vingts. A partir de 1686, il dut être
gradué, s'être fait examiner et recevoir par le conseil souverain conformément aux ordonnances (Ord. d'Alsace, I, p. 163, 212, 329 et 345).

Les attributions judiciaires du lieutenant de Rosemont sont nettement
définies par le Coutumier et par ce que j'ai dit dans la note n° 1. Au
tribunal de Chaux, il convoque et préside les jurés ; il dirige l'instruction
des affaires et prononce la sentence sans y avoir pris part ; il en poursuit
l'exécution. Au tribunal du château de Belfort et en dernier lieu à Giro-
maguy, son rôle n'est plus aussi purement passif. Il devient juge et il
tranche, avec ses collègues les baillis du comté, les litiges soumis à leurs
décisions communes.

Sous le rapport administratif, le lieutenant de Rosemont exerce la police
dans tous les villages de la seigneurie, et il dresse les ordonnances nécessaires au maintien du bon ordre. Il audiencie les comptes des communautés
et des fabriques, de tutelle et de curatelle. Il établit sans l'entremise des
bas justiciers les fabriciens, bangards, aborneurs-jurés, taxeurs de pain,
de vin et de viande, et autres personnes tenues des charges municipales.
Ces agents, ainsi que les préposés à la levée des dîmes, prêtent serment
entre ses mains. Aucun bourgeois ou habitant de la vallée ne peut, à peine
de dix livres baloises, donner asile en sa maison à des étrangers sans
l'avertir dans les vingt-quatre heures. Ceux qui veulent prendre rang
parmi les bourgeois d'une des communautés du Rosemont, doivent faire
constater par le bailli leur bonne vie, mœurs et religion, et prêter devant
lui serment de fidélité au roi, au seigneur et à la communauté. On
n'ouvre cabaret qu'avec la permission du lieutenant. C'est lui qui, de
concert avec les taxeurs-jurés, tarife les viandes de la boucherie banale de
Giromagny ; qui vérifie la qualité de celles mises accidentellement en
vente par les particuliers ; et qui étalonne les poids, mesures et balances
des commerçants.

Sous le rapport militaire, le lieutenant de Rosemont a mission de pro-
voquer l'armement des sujets, toutes les fois que le service seigneurial
l'exige, et de veiller à la garde du château. (Art. 25 et 45 du Coutumier.)

(4) Les juges du Rosemont, conformément à l'usage général de la province (voir mes *Coutumes d'Orbey*, p. 21 et 22, notes 8 et 9 ; — Charte et Urbaire de Belfort en 1307 et 1472 dans la *Revue d'Alsace*, 1864, p. 531, et
1860, p. 155), étaient choisis par leurs concitoyens parmi les bourgeois les
plus recommandables du pays (Archives du Haut-Rhin, C. 592). Et ce
mandat judiciaire leur était conféré, quoique rien ne l'indique, pour un
temps limité et au plus à vie (Cf. Ord. d'Alsace, I, p. 507). Dans le Rosemont ainsi qu'à Belfort, il y avait neuf juges ; c'est un chiffre moyen entre

le minimum sept et le maximum douze déterminé par le Miroir de Souabe (1re partie, ch. 115 et 117, édit. Matile) : « *S'il y en a plus de sept*, ajoute ce « recueil de droit, *cela vaut mieux.* » (Cf. 3e capit. de 803, c. 20, et 2e capit. de 819, c. 2.) Ces scabins, ces prud'hommes donnaient jugements sur tous cas, en matière civile à charge d'appel et en matière criminelle sans appel. Sur ce dernier point, voir la note 10.

(5) *Au nom du seigneur de Belfort.* — Ces mots nous fournissent l'occasion de parler de la seconde partie des attributs des justices seigneuriales, de traiter de leurs *droits honorifiques.*

Ces droits occupent une large place dans les annales de la féodalité. Les dynastes en avaient emprunté l'idée aux Romains, qui accordaient des honneurs distinctifs aux recteurs de province dans le territoire de leur gouvernement. Eux, pour satisfaire leur orgueil nobiliaire, s'arrogèrent des préséances particulières dans l'étendue de leur seigneurie (Hauteserre, *De ducibus,* c. 17.)

1° Les hauts justiciers commencèrent par se titrer du nom de la terre où ils résidaient. Ainsi le comte de Belfort, qui était en même temps seigneur du Rosemont, ajoutait cette seconde qualification à la première dans les actes privés ou publics.

2° L'église étant l'endroit le plus honorable pour mettre son rang dans toute son évidence, il s'y était assuré une *processionnalem receptionem, thus, preces et sedem in choro.* Il avait la présentation du goupillon, un banc dans le chœur, la préséance à l'offrande, au pain bénit, aux processions et aux autres cérémonies religieuses, et même l'oblation de l'encens les jours de fête. Conformément au capitulaire de 869 (Baluze, Capit. II, p. 211), il devait être nommé dans les prières. Quand il mourait, on sonnait les cloches pendant quarante jours ; l'intérieur et l'extérieur des églises étaient décorés de peintures funèbres ou de lettres à son chiffre et à ses armes. En son absence, ses principaux officiers obtenaient une partie des précédents hommages. Toutefois les maires des communautés étaient sans droit pour les réclamer, quand le bas justicier de Rougegoutte se trouvait en personne dans l'église. En principe, ces honneurs n'appartenaient aux justiciers qu'autant qu'ils étaient fondateurs ou patrons des églises (Jacquet, *Des justices seigneuriales,* liv. 1, ch. 23). Quoique le châtelain de Rosemont ne fût investi du droit de patronage que sur les églises de Giromagny, du Puy et de Rougegoutte, les curés d'Etuffont, de Chaux, de la Chapelle et de Banvillars se prêtaient sans difficulté et sans contestation à lui rendre les marques de déférence et de respect décrites plus haut. En un mot, le seigneur de Rosemont jouissait des droits honorifiques dans toutes les églises de la vallée (Archives du Haut-Rhin, fonds Mazarin, L. 9 et 11).

3° Une autre prérogative du seigneur justicier, le signe le plus énergique de son autorité, c'était d'avoir château muni de ponts-levis, fossés, tours et autres fortifications (Loyseau, *Des seigneuries,* ch. 8, n° 98). Le seigneur du Rosemont en usa en construisant, dans le moyen âge, à une date inconnue, un fort caché dans l'un des sites les plus sauvages des Vosges, entre le village de Vescemont et la montagne de Sèves. Ce château est en ruine

depuis plus d'un siècle. On en voit encore aujourd'hui les vestiges. « La
« tour domine le vallon à l'endroit où il se rétrécit le plus, et le rocher
« saillant qui porte le château est tellement disposé pour le recevoir, qu'on
« dirait que la nature elle-même les a identifiés. Ce rocher s'arrondit à sa
« partie supérieure comme l'entre-dos d'une voûte, ses flancs paraissent
« s'être couchés en lames saillantes comme les contre-forts d'un édifice. Il
« ne reste plus guère au haut de la plate-forme qu'un pan de murailles
« percé de deux fenêtres. Plus bas, sur un autre plateau, est un ouvrage
« avancé qui s'est écroulé comme le reste. La montée est fort pénible sur
« ces pierres éboulées et parmi ces ronces, seuls appuis que ce terrain mou-
« vant permette à ceux qui viennent visiter ces ruines. » (De Golbéry,
Antiquités de l'Alsace, I, p. 96 et 97. Voir en outre art. 47, note 36.) Les
traditions populaires parlent d'antiques relations entre les châteaux de
Rosemont, d'Auxelles et de Passavant et donnent à ce groupe de donjons
féodaux la qualification de *châteaux des Trois Pucelles*. On ne sait le
pourquoi de cette dénomination ironique, car les documents écrits l'ignorent. Mais on peut conjecturer qu'elle doit son origine à ce que ni les uns
ni les autres n'ont jamais eu à soutenir le moindre siége.

4° Il faut enfin ranger parmi les droits honorifiques des hauts justiciers,
celui d'avoir fourches patibulaires. Selon la dignité du titulaire dans la
hiérarchie féodale, le nombre des piliers de son gibet augmente : quatre
pour un baron ; neuf pour un comte provincial ; douze pour un duc. Ce
dernier cas était celui du seigneur de Rosemont (ajouter la note 12).

(6) Il y avait dans le Rosemont, outre la haute justice, une basse justice siégeant à Rougegoutte. Vers le milieu du quinzième siècle, elle
appartenait à Nicolas de Chaux. Un nommé Milandre, qui lui succéda,
vendit sa part à Louis de Massevaux. A l'extinction de cette dernière famille, Henri de Reinach, seigneur de Roppe, en fut investi par l'archiduc
Ferdinand. L'empereur Maximilien, en 1607, et le roi Louis XIV, en 1723,
confirmèrent sa possession. En 1730, les de Reinach de Foussemagne,
alliés par les femmes aux Reinach de Roppe, devinrent propriétaires de
cette basse justice, et ils l'échangèrent, en 1781, aux Mazarin contre la
justice d'Angeot (Archives du Haut-Rhin, C. 25, fonds du Domaine, carton 5, dossier N).

Le nombre des sujets de la basse justice de Rougegoutte varia naturellement avec le temps. En 1780, on en comptait 150, répartis de la façon
suivante : 35 à Rougegoutte, 46 à Grosmagny, 35 à la Chapelle-sous-
Chaux, 15 à Chaux, 2 à Eloye et 1 à Rièrevescemont (Archives du Haut-
Rhin, fonds du Domaine, *loc. cit*).

Cette basse justice de Rougegoutte avait la compétence de toutes les
autres basses justices. Elle porta ses appels en matière civile devant la
justice seigneuriale du Rosemont, jusques en 1675, époque où le conseil
souverain d'Alsace en connut directement et sans intermédiaire (Voir
Supra, note 1. — Archives du Haut-Rhin, fonds Mazarin, L. 11).

Ses justiciables furent en tout temps traduits en première instance devant la haute justice du Rosemont pour les matières criminelles, pour les

causes ayant trait aux comptes des communautés et des fabriques, pour les mésus forestiers, pour les délits de chasse et de pêche, pour les faits de police ordinaire, en un mot pour tout ce qui était de la compétence de la haute justice (Archives du Haut-Rhin, fonds Mazarin, L. 7 et 12).

J'ai mentionné dans la note 5 les droits honorifiques réservés dans les églises du Rosemont au bas justicier de Rougegoutte.

Voici maintenant l'énumération des droits utiles qu'il percevait sur ses sujets en cette qualité : 1° amendes ; — 2° tailles en argent ; — 3° taille en avoine ; — 4° corvées ; — 5° dîmes ; — 6° poules ; — 7° cens ; — 8° bois ; — 9° pâturages ; — 10° cours d'eau ; — 11° pêche ; — 12° chasse ; — 13° laudème au cinquantième denier sur les emphytéoses ; — 14° fal ; — 15° bourgeoisie ; — 16° cabarets ; — 17° boucherie. — Il prétendait encore, mais indûment, des droits utiles sur le sceau, l'étalonnage des poids ou mesures, et la glandée. — Le montant annuel de ces perceptions s'élevait vers 1780 de 3,345 à 4,545 livres tournois (Archives du Haut-Rhin, fonds Mazarin, L. 3, et fonds du Domaine, carton 5, dossier N). Dans ce chiffre, la taille en argent figurait pour 25 livres tournois (anno 1747 : Archives du Haut-Rhin, fonds Mazarin, L. 3).

(7) Les appels doivent être jugés dans des délais certainement très-dignes de remarque, dans les quatorze jours par la justice seigneuriale de Chaux, et dans les quarante jours par le tribunal du château de Belfort (Urbaire de 1472. — Revue d'Alsace, 1860, p. 156). En vue de cette prompte expédition des affaires, Mathieu Ier de Lorraine avait même refusé tout émolument au juge qui, dans les vingt-six jours, n'aurait pas statué sur la litispendance (Bournon, Extrait des Coupures, p. 35).

(8) Sur la procédure par défaut en matière civile, mêmes règles dans l'Urbaire de Belfort (Revue d'Alsace, 1860, p. 162) que dans notre Coutumier.

(9) Tout ce chapitre, à l'exception de l'article 14, a son analogue dans l'Urbaire de Belfort (Revue d'Alsace, 1860). A Montbéliard, on retrouve pour les anciens temps, des juridictions qui, en matière civile et criminelle, sont organisées de la même façon que dans le Rosemont (Voir Duvernoy, Ephémérides de Montbéliard, p. 356) : ce qui permet de conjecturer que les institutions de ces différentes localités ont eu le même auteur commun Renault de Montbéliard.

(10) L'appel en matière criminelle demeura inconnu dans le Rosemont jusques en 1657. La justice locale fut donc pendant des siècles maîtresse absolue, suivant l'usage général de l'Alsace, de statuer en dernière analyse sur les questions intéressant la vie et l'honneur des sujets. Le droit de grâce put seul modifier ses décisions souveraines. En général, les seigneurs hauts justiciers se l'étaient arrogé : maîtres d'exécuter sur-le-champ un arrêt de mort, maîtres aussi ils étaient d'en suspendre l'effet. Notre Coutumier crée une exception à ce principe féodal en réservant exclusivement à l'Empereur cette douce prérogative de la grâce. Charlemagne avait écrit :

3

« *Postquam scabini dijudicaverint, non est licentia comitis vel vicarii reo* « *vitam concedere* » (Baluze, Capit. I, p. 509), et par son capitulaire de 809 (ch. 30 et 31, Baluze, I, p. 467 et 468) il avait réglé les effets de ce privilège du prince. Les archiducs d'Autriche, en maintenant à l'Empereur dans leur terre du Rosemont le droit exclusif de gracier les coupables, ne faisaient que continuer une tradition carlovingienne empruntée elle-même aux lois romaines.

(11) En sa qualité de haut justicier, le seigneur de Rosemont possédait un signe patibulaire que les sujets de la basse justice de Rougegoutte contribuaient à édifier et à entretenir concurremment avec ses vassaux (Archives du Haut-Rhin, fonds Mazarin, L. 93).

Le maître des hautes œuvres du Rosemont jouissait, indépendamment du salaire fixé pour chaque exécution, d'un fief appelé DROIT DE RIFLERIE. Ce droit consistait à abattre et à dépouiller dans toute l'étendue du district les animaux morts, malades ou hors de service (Ord. d'Alsace, II, p. 399). Je serais disposé à croire qu'il avait encore les droits de *havage* et de *vidange*, quoique je n'aie point trouvé la preuve de l'existence de ces bénéfices.

(12) L'Urbaire de Belfort renferme la même disposition que le Coutumier de Rosemont et il explique qu'il n'y a point d'extradition obligée des coupables, « *parce que la justice est haute justice de prince.* »

(13) On suivait, dans le val de Rosemont, sous la domination autrichienne, la législation criminelle des ordonnances impériales. Elle est résumée pour les temps anciens par le Miroir de Souabe (M. Réville, *Coup d'œil sur l'ancien droit pénal alsacien*, dans la *Revue d'Alsace*, 1857, p. 224). A partir de 1523, elle fut remplacée par l'ordonnance de Charles-Quint, dite *la Caroline* (Wætcher, *la Caroline et ses sources*). Indépendamment de ces codes généraux, il existait un grand nombre d'édits ou mandements spéciaux émanant soit des archiducs, soit des régences d'Ensisheim et d'Insprück. Nous citerons particulièrement les défenses adressées aux Rosemontois — de blasphémer Dieu, la Vierge et les saints, — d'embrasser l'hérésie, — de parler mal des sacrements de l'Eglise, — de s'absenter de la messe paroissiale les dimanches et fêtes sans cause légitime, — de boire et fréquenter les cabarets pendant le service divin, — de faire de la musique pendant la messe, les vêpres et le *salve*, les jours de dimanche et de fête et pendant qu'on portait le viatique aux malades, — de s'enivrer, — de noctivager, — de pousser des cris et proférer des huées dans les rues, — de donner refuge aux vagabonds, — de rendre aucun service aux juifs le jour du sabbat, — de prendre ou de retenir des domestiques sans les avoir présentés au magistrat, — de se livrer à l'usure et de prendre un intérêt supérieur à cinq pour cent, — d'avoir des relations commerciales avec les villes protestantes, — de cartonner les livres protestants, — de souffrir l'habitation des protestants dans leur territoire. — Il était interdit aux cabaretiers de donner du vin après neuf heures du soir, de servir à boire et à manger les jours de fêtes solennelles, excepté aux

passans et aux étrangers. — Le magistrat devait bannir les adultères repris pour la troisième fois et confisquer les capitaux prêtés à usure (Archives du Haut-Rhin, C. 177, 108, 109, 113, 912 et 1114. — Fonds Mazarin, L. 89). Le lecteur pourra encore relever, dans le cours de ce travail, d'autres ordonnances prohibitives et pénales. — Après la prise de possession du Rosemont par le cardinal de Mazarin, on n'appliqua plus dans la vallée d'autres lois criminelles que celles de la France (Ord. d'Alsace, I, p. 57).

(14) Ici commence dans la coutume la série si nombreuse des DROITS UTILES de la seigneurie de Rosemont. Ces droits utiles forment le troisième attribut de sa haute justice. « Les feudistes, dit Loyseau (*Des sei- « gneuries*, ch. 3), les ont ramassés dans le titre *Quœ sunt Regalia, tenant « une proposition qui va bien loin, que tout ce qui est public ou qui n'ap- « partient à personne, doit appartenir au prince souverain : d'autant, di- « sent-ils, que ce que les Romains appelaient* PUBLICUM QUASI POPULICUM, « *était ce qui appartenait au peuple par devers lequel résidait la souverai- « neté, et par conséquent qu'ès Etats monarchiques, tout cela doit appartenir « au monarque,* CUI POPULUS OMNE JUS SUUM TRANSTULIT. *Aussi les princes « souverains soutiennent communément que tout ce qui n'appartient à per- « sonne doit leur être estimé propre par le moyen de leur seigneurie univer- « selle : de sorte que des cinq sortes de choses rapportées au titre* DE RERUM « DIVISIONE, *ils s'en sont attribué communément les quatre,* NIMIRUM COM- « MUNES, PUBLICAS, UNIVERSITATIS ET NULLIUS, *et n'ont laissé aux par- « ticuliers que la cinquième espèce, à savoir :* RES SINGULORUM. *Tout cela « néanmoins ne s'est pas passé sans contredit, car d'une part les commu- « nautés des peuples prétendent la plupart de ces choses, sinon en propriété « au moins quant à l'usage qui en appartient à chacun du peuple. Mais la « plus forte contradiction a été de la part des seigneurs justiciers auxquels la « seigneurie du lieu, subalterne véritablement, mais immédiate, a été laissée. « Car ils soutiennent que celle-là n'appartient à aucun. Et de là sont pro- « venus de grands différends et en grand nombre... Mais à la faute de les « avoir pu régler par la raison, on les a laissé établir par la force et par « l'usurpation, et chacun en a pris par où il a pu, de sorte qu'aujourd'hui on « les termine par la possession et l'usage. Et pour ce que la possession ne peut « être uniforme partout, de là vient la variété des coutumes.* » Donc, en présence d'usages dissemblables, il importe de fixer la consistance et la nature exacte de ceux du Rosemont. Quelques-uns de ces profits de la haute justice, réglés d'abord par la coutume, ont été modifiés par des actes subséquents ; d'autres ont leur source dans des titres particuliers. Nous les réunirons tous dans un relevé aussi méthodique que possible, en donnant quelques détails sur ceux qui n'appelleront point des notes spéciales au cours de cette étude.

1º AMENDES. — Voir notes 15, 16 et 17, et *Liber feudorum,* lib. II, tit. LVI.

2º CONFISCATION. — Voir note 18.

3º TAILLE. — Voir note 27.

4º CORVÉES. — Voir note 25.

5º SERVICE MILITAIRE. — Voir note 24.

6º GARDE DU CHATEAU. — Voir note 36.

7° DIMES. — Voir note 30.

8° CENS FONCIER. — Voir articles 30, 35, 42 et 43 du Coutumier de Rosemont.

9° REDEVANCES FORESTIÈRES. — Voir note 20.

10° POULES. — Voir articles 30 et 33 du Coutumier.

11° TERRES INCULTES ET VAGUES. — Voir Loyseau, *Des seigneuries*, ch. 12, n° 111 ; art. 24 du Coutumier, et *infrà* note 23.

12° TERRES ABANDONNÉES. — Voir Chopin, *Du domaine*, liv. III, tit. XVIII.

13° FORÊTS ET PATURAGES LAISSÉS EN COMMUN. — Voir *Coutumes d'Orbey*, p. 35, note 32, et note 20 *infra*.

14° EAUX COURANTES. — Voir notes 35 et 39.

15° PÊCHE. — Voir notes 44 et 45.

16° CHASSE. — Voir notes 44 et 45.

17° EPAVES. — Voir note 23 et *Liber feudorum*, lib. II, tit. LVI.

18° TRÉSOR. — Voir note 23.

19° MINES. — Voir note 23.

20° DÉSHÉRENCE. — La succession d'un sujet décédé sans laisser aucun héritier appartient au seigneur (Archives du Haut-Rhin, C. 44, et fonds Mazarin, L. 11).

21° AUBAINE. — (Sur les origines de ce droit, voir *Coutumes d'Orbey*, p. 38, note 46.) Quand des étrangers à la seigneurie du Rosemont s'établissent dans son territoire et meurent sans enfants ou sans parents naturalisés sujets, le haut justicier reste par droit d'aubaine maître de leurs biens situés dans son domaine (Archives du Haut-Rhin, C. 46, et Arrêts notables, III, p. 15). A l'étranger, les Rosemontois étaient traités de la même manière. — Le droit réciproque d'aubaine fut aboli à des époques différentes par plusieurs souverains limitrophes de l'Alsace. Ballet donne dans ses *Conférences* (p. 595 et 600) une liste complète de ces conventions internationales.

22° SUCCESSION DES BATARDS. — Le bâtard, l'homme sans famille, est assimilé à l'étranger, et le seigneur du Rosemont prend l'héritage du bâtard qui, né et domicilié en sa terre, y meurt (Archives du Haut-Rhin, C. 46, et fonds Mazarin, L. 11 et 12).

23° DÉTRACTION ou FLORIN D'HÉRITANCE (*Erbsgulden*). — Chaque étranger à la seigneurie qui recueille tout ou partie de la succession d'un parent décédé sujet de la justice, paye un florin pour pouvoir transporter au dehors son héritage. Cette redevance s'acquitte dans le Rosemont réciproquement de la haute à la basse justice et de la basse à la haute justice (Archives du Haut-Rhin, C. 46. — Fonds Mazarin, L. 1, 14 à 18 et 89).

A propos de l'*Erbsgulden*, je noterai le privilége important dont étaient investis les Rosemontois. On sait que, d'après le droit commun de l'Alsace, tout individu, quittant une seigneurie pour s'établir dans une autre, doit l'*abzug* ou droit d'émigration (Ord. d'Alsace, II, p. 487, 532, 543 et 544). Les gens du Rosemont ne le payent pas plus en pareil cas que les gens de Belfort, lesquels avaient été exonérés de cette contribution par Renauld de Montbéliard en 1307 (*Revue d'Alsace*, 1864, p. 533).

« Après si les bourgeoys ou bourgeoisse des dits lyeus (Belfort) et des

« habitans qui y sont et que doresnavant y seront allaient estre ou de-
« mourer fuer des dits lyeux doybt havoir et tenir franchement leurs hé-
« ritayges et leurs meubles et leur maix et les appendens et tous leurs
« biens, quelque comme ils furent doit aller ou ilz demeureront, saulf que
« ilz ne pourront fayre seigneur du roy de Allemaigne de d'ung duc de
« Hosterriche de leurs hoyrs ne de leurs successeurs ne de aultre home
« d'Allemaigne ne à dit roy ne à dit duc ne à leurs successeurs ou à leurs
« gens vendre ne aliéner leur héritayge, mais en tout aultre manière ilz
« peuvent fayre seigneur de eulz selon leur plaisir et tenir les biens tant
« franchement vendre et aliéner, doner et faire leur voluntez. Et sy aucun
« bourgeoys ou bourgeoisse et des habyttans des dits lyeus s'en voullait
« aller dutout et partyr de la franchise, il peut vendre, donner, engaiger et
« aliéner son héritayge et son bien selon la forme dessus contenue quelque
« part qu'il fut, et doyt prendre congié s'il luy plaist à seigneur ou mayre
« du lyeu et le seigneur des dits lyeus de Belfort quelque il fut ou son
« commandant doit conduire luy et ses choses quelque part qu'ils voudront
« aller une nuict et ung jour. » Le Rosemont jouissait, quant au droit d'é-
migration, de la même immunité que Belfort. En faut-il faire honneur à
Renauld? Faut-il au contraire l'attribuer à l'archiduc Léopold? Je ne dé-
ciderai point. Ce qu'il y a de certain, c'est qu'elle est très-ancienne. L'archiduc Sigismond la reconnut en 1467 (Schœpflin, *Alsat. Dipl.* II, p. 402,
voir *suprà*), et l'archiduc Ferdinand répétait en 1570 ces paroles mémo-
rables : « *Les gens du Rosemont sont libres d'émigrer. Ils peuvent aller hors*
« *du pays où ils veulent sans payer aucune redevance ou contribution.* »
(Archives du Haut-Rhin, fonds Mazarin, L. 66.) Si nette et si précise que
fût cette déclaration, la Chambre d'Ensisheim l'oublia un jour (en 1593)
et voulut percevoir l'*abzug* sur un Rosemontois émigrant. Le grand bailli
de Belfort protesta contre cette violation d'un antique privilége; et il ne
paraît pas que cette liberté ait jamais été méconnue par la suite (Archives
du Haut-Rhin, C. 46). Mais tout en conservant la faculté de s'établir dans
un autre bailliage, par exemple d'aller se fixer dans le Brisgau ou la forêt
Noire, les sujets du Rosemont restaient soumis dans leur ancienne résidence
et envers leur seigneur originaire aux charges ordinaires de l'année, telles
que la taille, les corvées, les poules de carnaval et d'automne (Rescrit de
Ferdinand en 1584. Archives du Haut-Rhin, C. 588).

24° LAUDÈME. — Droit perçu par la seigneurie en cas de mutation des
héritages par vente.

25° TIERS DENIER. — Autre droit de mutation touché dans la seule mairie d'Étuffont, quand les sujets de la haute justice vendent des biens-fonds
à des individus non justiciables de la haute justice. Il n'est exigible que
lorsque le vendeur n'a pas, dans les sept jours et sept nuits suivant le contrat, opéré le retrait des biens vendus (Archives du Haut-Rhin, fonds Mazarin, L. 12).

26° PHALL. — Autre droit de mutation, mais cette fois après décès, et
pesant uniquement sur des sujets échangés avec MM. de Reinach-Hirtz-
bach. Ces sujets tenaient en emphytéose perpétuel, moyennant un canon,
des terres originairement seigneuriales. Quand le tenancier mourait, son

héritier, après avoir choisi la meilleure pièce du ménage, laissait le seigneur prendre la seconde, ou il lui payait en place de ce meuble 6 sols et
8 deniers (Archives du Haut-Rhin, fonds Mazarin, L. 44).

27° SCEAU ET TABELLIONNAGE. — Le comte de Belfort, seigneur du Rosemont, créa à Belfort, pour les quatre districts de son comté, un tabellion
général avec privilége exclusif d'office. Cette mesure, dont le but fiscal
gênait dans une certaine mesure la liberté des transactions et imposait
aux parties bon gré mal gré un notaire déterminé, déplut toujours beaucoup aux gens de la vallée. Ils ne se conformèrent à cette ordonnance
qu'avec une peine extrême, malgré les avis réitérés de la Chambre d'Ensisheim. Pour en finir avec leur résistance, l'archiduc Ferdinand édicta,
le 14 novembre 1592, une amende contre ceux qui passeraient des actes
ailleurs qu'au tabellionné de Belfort, et en outre la nullité des contrats
dressés dans ces conditions. Sous les Mazarin, les Rosemontois essayèrent
de nouveau et à plusieurs reprises de se soustraire au tabellionné de Belfort : mais ils virent leurs écarts constamment réprimés par la justice,
sans qu'ils aient pu, par leurs instances de 1742, obtenir même un simple
allégement aux rigueurs du tarif en matière d'échange. Il fallut donc
subir et le notaire seigneurial et les émoluments qu'il était autorisé à
toucher. Or, pour tous contrats de vente d'héritages, échanges, gages,
constitutions de rente et autres actes portant translation de propriété
immobilière, ou acquisitions de rentes perpétuelles, quoique rachetables,
la minute se payait 10 sols balois pour les dix premières livres, et 4 deniers
par livre pour le surplus à quelque taux qu'il s'élevât, enfin 5 ou 6 sols
(8 deniers tournois) pour l'apposition du scel aux grosses des contrats.
A l'égard des échanges, le droit ci-dessus indiqué se prélevait sur les héritages donnés et en échange et en contre-échange. — Tous les contrats
personnels, baux à ferme, conventions et marchés, traités et sociétés,
donations à cause de mort, testaments, codiciles, traités de mariage et
tous autres contrats nommés ou innomés, se payaient proportionnellement
au travail des minutes et des expéditions. Dans le cas où les sujets du
Rosemont avaient passé, par-devant des notaires royaux ou autres tabel-
lions étrangers à la seigneurie, des contrats réels portant translation de
propriété quant à des immeubles situés dans le territoire de la seigneurie,
ils devaient, dans les trois mois, remettre la minute au tabellion de Belfort pour en délivrer les grosses, et percevoir les droits de sceau et de
tabellionnage, sous peine d'être contraints à cette remise par une saisie
des biens-fonds (Archives du Haut-Rhin, fonds Mazarin, L. 11, 12, 14 à
18 et 60). Voir au surplus la note 17 pour ce qui regarde le scel apposé
aux actes de l'ordre purement judiciaire.

28° RÉCEPTION DE SERMENT. — Voir note 17.

29° BOURGEOISIE. — Voir notes 3 et 17.

30° CABARETS. — Voir notes 3 et 17.

31° FÊTES ET DANSES. — Voir notes 3 et 17.

32° RECRI DES FOIRES. — Voir note 17.

33° ÉTALONNAGE DES POIDS ET MESURES. — Sous peine d'une amende de
10 livres baloises et de faux s'il y a lieu, tout commerçant doit se servir

d'instruments de pesage et de mesurage contrôlés par les officiers de la seigneurie. L'étalonnage s'opère sur les matrices du Rosemont, excepté dans les mairies d'Argiésans et de Vézelois où la mesure des grains est réglée par le type de Belfort, excepté encore dans la mairie d'Etuffont où les poids et mesures sont réglés par les types de Rougemont. Le poinçonnage se paye à la seigneurie, suivant le tarif rapporté dans la note 17. Quand, à la suite des arrêts des 19 septembre 1729 et 22 mars 1789, le bailli de Rosemont remplaça pour cette opération le maire d'Etuffont, il continua à percevoir dans cette communauté les quatre pots de vin, mesure de Rougemont que touchait son prédécesseur (Archives du Haut-Rhin, fonds Mazarin, L. 11 et 17).

34° SEL. — Les Rosemontois s'approvisionnaient de sel à Belfort en vertu de l'ordonnance rendue en 1450 par l'archiduc Albert (Archives du Haut-Rhin, C. 588).

35° BOUCHERIE. — Voir note 38.

36° BANVIN. — Voir note 41.

37° UMGELD. — Voir note 42.

38° MOULIN BANAL. — Voir notes 34, 35 et 39.

39° ÉMINAGE (Pfanne) ou droit du vingtième de la quarte perçu au profit de la seigneurie sur tous les grains et légumes qui se vendent aux marchés et foires de Giromagny et de Belfort. À l'exception des sujets des mairies d'Argiésans et de Vézelois, qui étaient tenus à l'éminage des halles de Belfort, tous les autres vassaux du haut Rosemont étaient en dernier lieu obligés à l'éminage des halles de Giromagny. Sous peine de confiscation et d'amende, il fallait porter et vendre les denrées aux marchés indiqués. Tout naturellement on fraude le plus possible le droit du fisc seigneurial. Ni les sévérités des régences d'Insprück et d'Ensisheim, ni de nombreuses poursuites, ni l'aggravation de l'amende élevée en 1723 de 500 à 1,000 livres, n'arrêtèrent les ventes de denrées en cachette et à domicile. Cette résistance prolongée indique assez le caractère anti-économique de l'éminage. C'était en réalité l'acheteur qui supportait le vingtième par une hausse proportionnée de la marchandise. L'intérêt du consommateur était donc lésé par ce profit de la caisse seigneuriale. A plusieurs reprises notamment en 1627 et 1629, les officiers des mines, organes de leurs ouvriers, sollicitèrent en conséquence l'abolition du droit d'éminage contre lequel les autres habitants du Rosemont ne cessèrent de protester jusques à la révolution (Archives du Haut-Rhin, fonds Mazarin, L. 7, 11, 12, 14 à 18 et 79. — Ord. d'Alsace, I, 589). Les habitants de la mairie d'Etuffont prétendaient n'être sujets à l'éminage ni des halles de Giromagny, ni des halles de Belfort (Requête du 24 mars 1749. — Archives du Haut-Rhin, fonds Mazarin, L. 7).

40° PÉAGES ET MENUES VENTES. — Voir note 43 et *Liber feudorum*, lib. II, tit. LVI.

41° CHATRERIE. — La seigneurie établit, moyennant finance, des agents jurés qui procèdent à la castration des animaux dans toute l'étendue du Rosemont suivant des prix déterminés par un tarif (Archives du Haut-Rhin, fonds Mazarin, L. 11).

42° Guenilles. — Il était défendu, sous peine d'amende et de confiscation, dans le territoire de la haute et même de la basse justice, de vendre à d'autres qu'aux préposés de la seigneurie les chiffons et guenilles dont elle avait besoin pour alimenter les papeteries.

Quand, au cours du dix-huitième siècle, les populations invoquèrent la *liberté de l'industrie et du commerce* pour faire tomber les deux droits banaux précédents, le seigneur opposa à ces *nouveautés* la possession immémoriale et surtout sa qualité de haut justicier (Archives du Haut-Rhin, fonds Mazarin, L. 11 et 12).

Le montant de ces droits utiles de la haute justice du Rosemont s'éleva, non compris les produits des mines, en 1786, à 11,550 livres tournois, et en 1791, sous l'administration du domaine, à 25,058 livres (Archives du Haut-Rhin, fonds du Domaine, carton 4, dossier J).

Je dois rappeler en terminant que les droits utiles étaient dans le commerce, et que leurs propriétaires en faisaient l'objet des transactions les plus variées par la concession en fief de telle ou telle redevance seigneuriale ou même de l'ensemble de toutes les redevances. J'ai noté dans l'introduction historique les différents contrats de ce genre passés par le seigneur de Rosemont.

(15) **Le taux des grandes et petites amendes** est le même dans les lettres de franchises accordées à Montbéliard et à Belfort, seulement les sols balois sont remplacés par des sols estevenants. Des ordonnances postérieures à la rédaction du coutumier édictèrent des peines pécuniaires supérieures au maximum qu'il détermine : ainsi on encourait une amende de 10 livres baloises ou 200 sols balois pour défaut d'étalonnage des poids et mesures, pour ouverture non autorisée d'un cabaret ou d'une boucherie particulière, pour réception d'étrangers dans son domicile sans avis au lieutenant, etc. — Dans les derniers temps le bas justicier de Rougegoutte percevait des amendes jusques à 4 livres 16 sols tournois : il prétendait avoir droit d'en prononcer jusques à 100 livres et même d'arbitraires. Le seigneur haut justicier du Rosemont, tout en attaquant cette prétention, suivait les mêmes errements à cause des avantages qu'en retirait son fisc. Et sans tenir le moindre compte des plaintes de ses vassaux réclamant un retour aux pénalités primitives de la coutume, « il touchait « toutes les amendes grosses ou petites, à quelque somme elles puissent « monter, et pour quelque cause elles puissent être prononcées, fût-ce « même à l'arbitraire du juge. » (Archives du Haut-Rhin, fonds Mazarin, L. 11, 12 et 93.)

(16) Dans les mairies d'Etuffont, de Vézelois et d'Argiésans, les amendes dites *gageales*, prononcées pour dommages ruraux, appartiennent exceptionnellement de toute ancienneté aux communautés et non au seigneur du Rosemont (Archives du Haut-Rhin, fonds Mazarin, L. 11, 12 et 93).

(17) Les officiers romains recevaient pour émoluments une partie de l'impôt en nature (Code Just., lib. I, tit. LII, l. 1.). Sous la domination des Mérovingiens et des Carlovingiens, les profits réguliers des comtes,

ducs et autres *judices* consistaient également dans une portion des produits fiscaux (*Capit Caroli. Magni*, lex Long. 128). Les coutumes locales diversifièrent la rénumération du *judex*. Celui-ci devait toujours la prélever sur le montant de l'amende, et quand les biens du condamné étaient insuffisants pour l'acquitter, il avait à remplir une procédure curieuse que le Miroir de Souabe retrace avec détail. (Otto Frisingensis, *Vita Frederici I.* —Miroir de Souabe, 1re partie, chap. XII, § 5,XV, LXXV, § 25, XCVI, § 2, CXIII, § 3, CXXXI.) Notre article conforme à l'urbaire de Belfort (*Revue d'Alsace*, 1860, p. 162) n'est donc que l'application d'un principe ancien et général.

D'après un tarif sans date, mais qui, à en juger par l'écriture, doit être du dix-septième siècle, voici quels étaient les droits des officiers de la seigneurie du Rosemont pour leurs salaires et vacations de justice :

1° Inventaire et reddition d'un compte soit d'hoirie, soit de la tutelle, au bailli, un quartal de vin ou 1 florin balois avec ses dépens ; à la justice, un quartal également ; au greffier, 15 sols balois, plus ou moins suivant le mérite du fait.

2° Institution ou remplacement d'un tuteur, au bailli, un quartal avec ses dépens.

3° Apposition de scellé, rapport de visite et réception de caution ne se pratiquent point dans le Rosemont.

4° Audition de témoins produits devant le bailli tant en justice civile que criminelle, par chaque témoin : au bailli, 4 sols balois ; au greffier, 16 rappes ; et au maire qui les assigne dans sa localité, 4 deniers, et hors de sa localité, 8 deniers.

5° Décret de prise de corps : au bailli, la journée, s'il se transporte hors du lieu, la journée fixée à 2 livres tournois avec dépens ; au greffier, selon la matière des écritures et sans règle fixe.

6° Interrogatoire, au greffier selon la matière des écritures et point de règle fixe.

7° Déclaration de dépens, point de règle fixe.

8° Enregistrement d'une cause, 16 rappes.

9° Confection d'une requête par écrit, 5 sols ou plus, suivant le mérite de l'acte.

10° Vacation et comparution aux procès-verbaux où il y a assistance, exploits, assignations, actes d'offres et autres semblables, commandements et saisies mobilières, point de règle fixe.

11° Emprisonnement, 5 sols pour le maire ou le sergent qui emprisonne.

12° Saisie réelle de maison ou autre héritage : au bailli, demi-florin, et au maire qui notifie, 5 sols balois.

13° Criées (les quatre) d'un procès-verbal, 5 sols balois par chaque criée.

14° Libellé de simple transport de créance obligatoire, 5 sols balois.

15° Bail à loyer, 5 sols plus ou moins, selon le besogné.

16° Ratifications, 5 sols balois.

17° Scel des sentences, décrets et ordonnances, au bailli 5 sols.

Et pour tous les autres droits de justice, quand il y a plainte et amende ordinaire de 72 sols et jugement, le seigneur a 55 sols; la partie demanderesse, si elle gagne, 12 sols, et le reste advient aux juges. Le bailli a 4 sols pour un défaut, 3 sols aux juges d'une petite amende où il n'y a point de plainte et demande faite, et 4 au bailli; les juges, 6 sols pour une sentence, et les procureurs chacun 8 rappes par parties chacune journée; si on lève décret ou passé mont, le bailli a 1 quartal, et la justice 1; pour un appel de même avec les dépens dudit bailli, trois juges et le greffier qui a ses écritures suivant le mérite du fait et la quantité d'écritures (Archives du Haut-Rhin, fonds Mazarin, L. 60).

On remarquera que dans ce tarif le scel des sentences est d'un prix supérieur à celui fixé par l'article 16 de la coutume. (Sur la nécessité de l'apposition du sceau du lieutenant pour rendre les jugements exécutoires, cf. Loyseau, *Des offices*, liv. II, chap. III et IV.)

Le terrier dressé en 1742 indique que le bailli du Rosemont touchait encore les émoluments suivants :

1º Une gerbe de chaque feu au temps de la moisson (Voir *infra*, art. 47);

2º Une gerbe des sujets directement justiciables à Belfort, au temps de la moisson ;

3º Un florin de chaque nouveau bourgeois prêtant serment, alors même qu'il entrait dans une communauté des basses justices;

4º Un florin pour permettre les danses et jeux publics aux jours de dédicace ou aux fêtes annuelles des villages du Rosemont ;

5º Un florin de chaque nouveau cabaretier pour lui accorder le droit de vendre du vin et de prendre enseigne ;

6º Neuf sols tournois ou quatre batz des marchands vendant au poids ou à l'aune; 6 sols 8 deniers des meuniers; 4 sols 6 deniers des boulangers; un batz des marchands étrangers fréquentant la foire ou le marché de Giromagny; un verre de chaque colporteur vendant gobeleterie, pour assister à l'étalonnage de leurs poids et mesures par les taxeurs jurés du val de Rosemont ;

7º Un florin pour la réception du serment des décimaires ou de leurs préposés ;

8º Six livres pour le récri des foires de Giromagny, quand il en est requis ;

9º Annuellement douze langues de bœuf du fermier de la boucherie de Giromagny (Archives du Haut-Rhin, fonds Mazarin, L. 11).

(18) L'amende et la confiscation sont les châtiments du crime : la première s'exécute sur les meubles du condamné, et la seconde sur les immeubles. Le justicier puise dans la loi et le délit son droit d'appropriation des uns et des autres comme fruit de sa juridiction. De là l'axiome coutumier : *Qui confisque le corps, confisque les biens.* S'il n'y a rien à dire contre la confiscation lorsqu'elle atteint un coupable sans famille, il n'en est plus de même lorsqu'elle englobe dans l'imputabilité pénale une femme et des enfants. C'est faire porter à des innocents la faute d'un père et d'un mari : c'est de l'injustice, et une odieuse injustice, que les césars romains autorisèrent pendant longtemps en multipliant à l'excès les cas de con-

fiscation. Adrien, Valentinien et Théodose, ainsi que Justinien, l'arrêtèrent. Les premiers décrétèrent la remise des biens du condamné à ses
enfants, et Justinien en 535 abolit la confiscation pour tous les crimes excepté pour félonie et lèse-majesté. L'Alsace accueillit et garda ce bienfait de
la novelle 17. On trouve en effet dans différents passages du Miroir de Souabe
(1ʳᵉ partie, chap. CLI, CCCXIII et CCCXVII, édit. Senckenberg) la preuve que,
dès le treizième siècle, notre province suivait en cette matière la doctrine
romaine. Quand il y a condamnation à la mort naturelle ou civile, confiscation n'a lieu en présence d'héritiers légitimes, voilà ce que dit l'article 18
de notre Coutumier, et ce que répétera plus tard le conseil souverain d'Alsace, fidèle à la législation justinienne (Ordonn. d'Alsace, I, p. 535). Nos
usages relativement aux droits de la femme sur ses propres et sur les
acquêts de communauté étaient aussi et par conséquent très – différents
de ceux qu'on suivait dans une partie de la France coutumière. Bien avant
que les énergiques réclamations de Dumoulin (sur les articles 12 de Ver-
mandois et 176 d'Orléans) eussent fait participer la femme à la communauté en cas de condamnation du mari pour crime, les Alsaciennes
jouissaient de ce privilège. On en trouve la preuve dans l'urbaire de
Belfort (Revue d'Alsace, 1860, p. 163), dans la constitution du Hatgau (Jarspruch de 1490, art. 10, Archives du Bas-Rhin, E. 1844¹), dans l'article 19 de
notre Coutumier, et dans le droit strasbourgeois (Artropeus, De restitutione
bonorum, C. 5, § 1 , et Wieger, De acquestu conjugali, § 53). Jamais non
plus elles ne virent leurs propres apports ou héritages entamés par la confiscation prononcée contre leur époux. Pour que le haut justicier du
Rosemont profite de la confiscation, il faut, outre les deux précédentes
conditions, que le condamné possède des immeubles situés dans le territoire de sa justice. Il s'en empare, alors même qu'il est resté totalement étranger au jugement de condamnation. Cette règle a été proclamée en 1584 par un arrêté spécial de la Chambre d'Eusisheim (Archives
du Haut-Rhin, C. 34). Elle est écrite dans un grand nombre d'autres
coutumes, et sa bizarrerie a motivé les observations suivantes du célè-
bre feudiste Henrion de Pansey (Analyse de Dumoulin, p. 522) : « La
« confiscation est un droit de justice, disent les auteurs ; cependant
« elle ne suit pas la justice, mais le territoire ; en sorte que celui qui
« fait le procès, comme le remarque très-bien Loyseau, est souvent
« celui qui prend le moins en confiscation, les immeubles condamnés ap—
« partenant indistinctement à celui dans la justice duquel ils sont situés.
« Cet usage ne présente-t-il pas une espèce d'inconséquence? En effet, si
« la confiscation est un fruit de la justice, pourquoi ne la donne-t-on pas
« à celui qui la rend ? Si les biens d'un condamné doivent appartenir à la
« justice, ce ne peut être que comme une espèce d'indemnité, de com-
« pensation des frais que le procès a occasionnés ; c'est donc à celui qui a
« fait le procès que les biens doivent appartenir. »

¹ Ce Jarspruch porte : « Si une personne est condamnée à mort, les biens meubles
reviendront au seigneur du Hatgau, et les immeubles aux plus proches héritiers.
Cependant, la femme du coupable conserve sa part, c'est-à-dire le tiers des meubles. »
D'après le Landrecht alsacien, la femme ne reçoit qu'un tiers de la communauté ;
les deux autres tiers sont attribués au mari. »

(19) *Contregarder son honneur et son serment.* Dans la langue juridique le mot HONNEUR, *honos, ehre,* a des significations multiples. Il exprime tantôt les fonctions, tantôt le bénéfice de la charge, tantôt l'impôt lui-même, d'autres fois l'objet ou le lieu de l'impôt, enfin le fief lui-même (Ducange, v° *Honos*). Ce dernier sens me paraît être celui de notre article. Honneur caractérise ici les rapports du sujet à son seigneur, le lien moral et juridique qui les unit, le serment de fidélité qui les lie l'un à l'autre. En cas de manquement à son serment, le sujet peut être poursuivi comme parjure, car le serment n'intervient qu'après certaines solennités. En effet tout aspirant à la bourgeoisie dans une des communautés du Rosemont dépose au greffe seigneurial, avec sa demande, ses lettres de nativité et de franche condition. Le bailli ouvre sur sa vie, ses mœurs et sa religion une enquête dans laquelle la communauté donne ses observations et avis par l'organe d'un délégué spécial. Après quoi seulement l'impétrant est admis à jurer fidélité. Ces formalités, dont un procès-verbal constate l'accomplissement, ne s'opèrent que moyennant une double finance payée par le récipiendaire et à la seigneurie et à la communauté. La finance seigneuriale est dans le Rosemont au taux fixe de 1 florin. La finance communale varie au contraire beaucoup selon les temps, les lieux et les individus : le plus généralement une convention en détermine le chiffre; et en cas de désaccord et de difficulté, le juge l'arbitre. En 1608, Pierrot Lamedenotte fut reçu bourgeois d'Anjoutey en payant à la fabrique de cette paroisse une livre de cire, et à la communauté une sirelet de cuir bouilli. D'ordinaire la valeur de la finance communale flotte de 1 à 4 florins. Dans certaines localités elle est fixe et immuable : ainsi 4 livres à Evette, et 150 à Bourg. A Bourg, l'élu fournit en outre les agrès nécessaires pour éteindre l'incendie et à chacun de ses cobourgeois, avec un pot de vin, 2 sols de pain (31 mai 1784 ; Règlement de l'intendance d'Alsace). Les règles précédentes ne concernent que les forains et leur admission à la bourgeoisie. Les fils des bourgeois devenant eux-mêmes bourgeois en Rosemont sont traités avec plus de faveur et d'indulgence. Ainsi à Bourg les fils payent pour finance communale 7 livres 7 sous, et les filles 3 livres 13 sous et 6 deniers. Ainsi encore dans les mairies d'Etuffont, d'Argiésans et de Méroux, les fils des bourgeois reçus bourgeois n'acquittent ni droit d'entrée seigneurial, ni droit d'entrée communal. (Cf. Coutumes d'Orbey, p. 31 et 38, notes 23, 46 et 47.) Pour cette réception des bourgeois, il faut, à peine de nullité et d'une amende de 10 livres baloises, le consentement de la seigneurie du Rosemont. Certains villages négligèrent de l'obtenir. Il s'ensuivit des abus et des discussions. Pour y mettre fin, le conseil souverain d'Alsace enjoignit (27 août 1750) aux maires de la vallée de ne plus se départir désormais de l'observation d'une prescription qui intéressait à la fois et le public et la seigneurie (Archives du Haut-Rhin, C. 1093, et fonds Mazarin, L. 11, 12 et 66).

(20) Les vastes et riches forêts du Rosemont appartinrent aux particuliers, aux villages et en presque totalité au seigneur.

Les coutumes qui les régirent primitivement rappellent, par leur ample étendue, l'antique communauté dont cette nature de propriété était l'objet dans les lois barbares. (Cf. L. Rip., tit. LXXVI; — L. Burg. addit. 1, § 6; — les coutumes du val d'Orbey, notes 32, 34 et 44.) Elles attribuent en effet aux habitants la faculté de prendre, dans les forêts seigneuriales, le bois de chauffage (art. 33), de construction (art. 34, 38 et 39), de charronnage (art. 50), et de billonnage (art. 40 et 41; cf. L. Salic., tit. XXVII, § 18 et 19; L. Burg., tit. XXVIII), ainsi que d'en défricher des portions moyennant redevance annuelle (art. 42, 43 et 44). Cette coupe et enlèvement de bois doit s'opérer avec la permission des forestiers. En agissant clandestinement et à leur insu, le délinquant encourt les pénalités édictées par l'article 21 (cf. L. Salic., tit. VIII, § 4, et L. Rip., tit. LXXVI), et il n'y échappe que par l'accomplissement des curieuses prescriptions de l'article 22. (Voir *infrà*, note 21.)

Le Coutumier du Rosemont ne mentionne pas en faveur des gens de cette vallée le droit de pâturage et de glandée dans les forêts seigneuriales. Il est probable que l'élevage et le commerce des bestiaux étant leur principale industrie dès les plus anciens temps, ils l'avaient reçu de leur seigneur par sous-entendu ou par quelque acte postérieur (comme les Belfortains l'avaient obtenu de Renauld en 1307, *Revue d'Alsace*, 1864, p. 535), puisque je trouve que le 3 juillet 1518 un engagiste de cette seigneurie, Jean de Morimont, leur confirme la paisson des porcs moyennant 4 deniers balois par tête d'animal (Archives du Haut-Rhin, fonds Mazarin, L. 13, 59 et 89). Ces droits forestiers, d'une étendue équivalant quasi à la propriété, n'avaient rien d'inusité en Alsace. Les habitants des vallées du Ban de la Roche, de Schirmeck, de Villé, d'Orbey, de Munster, de Lautenbach, de Saint-Amarin et de Massevaux en avaient de tout à fait pareils.

Ces concessions de Léopold au Rosemont furent jugées par l'archiduc Ferdinand une source de graves abus. Afin d'arrêter dans ses forêts les dommages dont il croyait avoir à se plaindre de la part de ses vassaux, il édicta, le 17 avril 1557, une organisation nouvelle, dont j'extrais par traduction les pénalités suivantes :

« 1° Quiconque coupera du bois dans nos forêts et lieux non marqués sans « le sçu et la permission du gruyer ou des forestiers, payera pour chaque « fonte abattue, jeune ou vieille, grande ou petite, quand elle est inutile « et ne porte pas fruit, une amende de deux livres baloises ; et pour chaque « fonte utile et portant fruit, comme pommier, chêne, poirier, cerisier et « autre semblable, une amende de cinq livres baloises.

« 2° Quiconque coupera, abattra, détruira ou gâtera méchamment de « jeunes plans revenus dans les places essartées et nettoyées, payera de « même cinq livres d'amende. *En vertu des présentes, les villages et com-* « *munautés pourront couper du bois dans les forêts seigneuriales, quand ils* « *ont toujours joui du droit d'en couper pour l'entretien de leurs ménages,* « *mais aux lieux les moins dommageables, selon leurs nécessités et dans les* « *limites qui leur ont été marquées, sans que leurs priviléges reçoivent, sous* « *ce rapport, aucune atteinte.*

« 3° Quiconque aura abattu et coupé un plant ou bois à plus d'un pied « au-dessus du sol payera une livre d'amende.

« 4° Quiconque coupera et abattra du bois, et n'en ramassera pas dili-
« gemment les branches et rameaux, payera une livre d'amende.

« 5° Quiconque aura reçu de nos forestiers du bois propre à la construc-
« tion, et l'aura coupé devra, dans le délai d'un an, l'employer à cet usage.
« Dans le cas contraire, il payera pour son châtiment par chaque pied
« d'arbre coupé, une amende de cinq livres, et rien de moins.

« 6° Il sera derechef obligé de mettre en œuvre le bois délivré dans
« l'année suivante ; autrement, à l'expiration de l'année, le bois sera em-
« porté par le forestier, qu'il soit à demi ou point du tout employé à la
« confection du bâtiment. Ce qui restera après la non-mise en œuvre sera
« vendu au profit du trésor archiducal.

« 7° Quiconque agira contre les prescriptions de l'ordonnance et fera des
« fagots avec de jeunes arbres ou des repousses, sera puni par chaque fonte
« comme il est dit ci-dessus, ou selon la gravité du délit et préjudice.

« 8° Quiconque brûlera ou portera dommage par pure malice et négli-
« gence, sans aucune raison ou excuse, dans les forêts seigneuriales ou
« leurs environs, payera dix livres d'amende ; toutefois, si la peine excède
« le dommage, elle sera taxée par le forestier. Et la peine sera fixée par
« lui sans aucune rémission, selon que le dommage aura été reconnu petit
« ou grand.

« 9° Quiconque contreviendra à la défense de couper et ébrancher arbres
« portant fruit et panage, sera puni d'une amende de trois livres.

« 10° Que personne ne mène ni ne conduise chèvres, moutons ou brebis
« dans les forêts seigneuriales et n'introduise l'autre bétail dans les haies,
« places ou autres lieux mis en défends, sous peine de cinq livres d'amende
« et autre peine s'il y a lieu, selon la gravité du délit et dommage.

« 11° Quiconque dressera sans nécessité une haie ou barre, la fera ou
« cordera avec de jeunes bois ou plants, sera puni suivant la gravité de son
« méfait et ainsi qu'il est dit dans l'article précédent.

« 12° Il est en outre défendu de couper ou faucher les herbes dans les
« forêts seigneuriales lorsque les jeunes bois commencent à repousser,
« sous telles peines que le forestier estimera équitables, et selon l'étendue
« de la place fauchée et coupée.

« 13° Il ne sera plus permis de faire du charbon dans les forêts seigneu-
« riales, et le contrevenant à cette prohibition sera puni d'une amende de
« deux livres par chaque pied d'arbre inutile réduit en charbon, et d'une
« amende de cinq livres par chaque pied d'arbre utile et portant fruit.

« 14° Quiconque essartera ou fera essarter aux alentours des forêts sei-
« gneuriales, sans avoir préalablement prouvé que ce canton lui apparte-
« nait, sera puni selon la gravité de son méfait.

« 15° Que personne n'introduise dans le panage des pourceaux en nombre
« plus grand que celui fixé ou les nécessités de son ménage, et que le con-
« trevenant paye à qui appartiendra la juste et loyale cense pour le sur-
« plus dudit panage, et à l'archiduc cinq schellings d'amende.

« 16° Il est défendu, sous peine de cinq livres d'amende, de recueillir
« aucun gland avant que les pourceaux soient retirés du panage, ou d'en
« abattre de dessus les chênes. Mais, après l'engrais et le retrait des pour-

« ceaux, il est permis à chacun d'en recueillir, pourvu qu'on en laisse suf-
« fisamment pour la reproduction des jeunes chênes, suivant ce qui est
« commandé ci-dessus.

« 17° Si quelque bourgeois ou habitant avait des serviteurs insolvables
« et incapables de satisfaire à l'amende et aux châtiments encourus, le
« maître payera l'amende afin qu'il prenne désormais soin d'envoyer à la
« forêt des domestiques plus soigneux.

« 18° Que tous les châtiments et peines encourus soient exactement et
« diligemment relevés et attribués au trésor seigneurial, et qu'il ne soit
« pardonné à personne. Si quelqu'un de nos sujets se plaint et contredit
« aux peines ci-dessus édictées, le prévôt forestier ou la régence d'Ensis-
« heim connaîtra de ces instances et les décidera. Les forestiers recouvre-
« ront les amendes sur nos sujets.

« 19° Si, par hasard, des dommages autres que ceux ci-dessus énoncés
« sont commis par nos sujets, les forestiers poursuivront la répression sans
« pardonner à personne, et si d'aventure le recouvrement des amendes sur
« les délinquants était difficile, les autres officiers et justiciers seigneuriaux
« leur prêteront aide et assistance, et, s'il est nécessaire, contraindront les
« contrevenants à payer les amendes par l'emprisonnement et autre châ-
« timent. Mais ceux-ci ne pourront demander aucune amende à ceux
« que l'archiduc aura pris sous sa garde, et qui auront fait quelques mines
« dans ses forêts. La connaissance de leur cas est réservée à lui seul et sous
« son bon plaisir. Si un infracteur de l'ordonnance ne peut satisfaire à l'a-
« mende par de l'argent ou d'autres biens, et si le délit est de grande im-
« portance, il sera puni par un étroit emprisonnement et même en cas de
« récidive exilé du royaume d'Autriche, selon la gravité de la faute et d'a-
« près l'avis du gruyer.

« 20° Nous invitons nos officiers et agents de toute sorte à veiller scru-
« puleusement à la stricte observation de notre présente ordonnance fo-
« restière et leur recommandons de la faire souvent lire et publier partout
« où besoin sera... Nous réservons, à nous, à nos hoirs et successeurs, de
« changer la précédente ordonnance, la diminuer, l'augmenter et la tota-
« lement abolir selon notre bon vouloir et plaisir, selon justice, utilité et
« nécessité. Et en vertu des droits ci-dessus déclarés que nous concédons
« à nos sujets, tant par grâce spéciale que par ancienne coutume, ceux-ci
« nous payeront les cens, prestations et redevances tels qu'ils ont été jus-
« ques à présent payés au prévôt des mines et aux agents forestiers. » (Archives du Haut-Rhin, C. 424.)

Cette ordonnance reçut son complément dans un règlement du 16 octobre 1557, qui concerne spécialement le Rosemont, et dont je traduis quelques articles (Archives du Haut-Rhin, loc. cit., et fonds Mazarin, L. 7).

« 1° Toutes les forêts seigneuriales de la vallée de Rosemont sont sans
« aucune exception en ban et défends.

« 11° Afin que le bois puisse y recroître plus vite, les sujets de la sei-
« gneurie ne pourront y envoyer leurs bestiaux, qui détruiraient les jeunes
« repousses.

« 15° Personne ne pourra créer dans ces forêts un nouveau pâturage, ni
« dépasser les bornes des anciens, sous peine de grande amende.

« 16° Dans le cas où les anciens pâturages se font épais et doivent re-
« croître, il est défendu aux sujets de la seigneurie de les éclaircir et de
« les nettoyer par le feu sans une autorisation préalable des forestiers.

« 20° Les officiers de la seigneurie, des mines et des forêts, doivent vi-
« siter toutes les forêts seigneuriales deux fois par an, au printemps et à
« l'automne, et plus souvent si besoin l'exige, pour constater les dom-
« mages, rechercher et punir les délinquants.

« 21° A l'égard des bois communs petits et raigiers, hors des hautes fu-
« taies, les sujets pourront y prendre et couper du bois pour la construc-
« tion, le chauffage et les autres nécessités de leur ménage, avec le con-
« sentement du prévôt des mines et des forestiers, mais sans abus et sans
« désordre. Ces officiers devront empêcher toute coupe superflue, s'opposer
« à l'écorcement des arbres, arrêter la coupe des jeunes chênes, punir les
« coupables, enfin tenir tout en bon ordre. Quant à l'écorce et à la vente
« de l'écorce, il est loisible aux sujets de la vendre quand il s'agit de bois
« commun marqué ou coupé pour le chauffage ; mais cela leur est interdit
« formellement dans les autres cas.

« 22° Quand quelque village ou bourg n'a point de bois commun ou
« propre au chauffage, les agents forestiers peuvent désigner aux habitants
« certains cantons les plus voisins des hautes forêts seigneuriales, où ils
« couperont avec ordre le bois indispensable à leurs besoins et sans trans-
« gresser les limites indiquées.

« 23° Les habitants ne vendront aucun bois, planches, perches, lattes, ni
« vaisselle de bois sans permission expresse, sous peine de punition.

« 24° Quand les sujets brûlent des feuilles dans les bois communs, ils
« doivent veiller à ce que l'incendie ne s'allume point.

« 25° Il est à l'avenir défendu de couper de jeunes chênes pour faire des
« lattes, à moins que ce ne soit pour réparer les maisons, encore sera-ce
« avec ordre et sans superfluité.

« 26° Jusques à présent les sujets ayant coupé avec désordre du bois à
« scier pour l'entretien de leurs bâtiments, la démolition des scieries qui
« ne sont pas nécessaires aux ouvrages des mines et usines de la vallée de
« Rosemont est ordonnée afin de ménager les forêts. Les officiers seigneu-
« riaux doivent veiller à ce que les bois propres à être sciés, et qui leur se-
« ront montrés à cet effet, soient coupés et sciés diligemment, et à ce que
« les bois à brûler ne pourrissent point dans les forêts. »

Ces ordonnances forestières (*Waldordnung*) portaient une atteinte considérable au statut primitif du Rosemont.

En effet, elles multipliaient la surveillance des forêts par la création de
nouveaux agents chargés d'exercer un contrôle permanent, journalier, ri-
goureux et sans miséricorde. Elles aggravaient la répression des délits en
substituant à la faible amende édictée par l'article 21 du Coutumier de
lourdes amendes, l'emprisonnement et même l'exil. — Elles supprimaient,
ainsi que nous le verrons note 21, la curieuse immunité écrite dans l'article 22 en faveur des contrevenants. — Elles annihilaient totalement cer-

taines industries se rattachant à l'exploitation des bois. — Elles gênaient, par la restriction de la dépaissance et de la glandée, l'élevage du bétail, cette industrie principale de la vallée. — Elles rendaient plus difficile l'exercice de tous les autres droits d'usage antérieurement concédés. — Enfin, à côté de la promesse si peu respectée de maintenir force et vigueur aux anciens titres et aux coutumes immémoriales, elles plaçaient la menace d'un amoindrissement nouveau des droits d'usage par la faculté de changer encore, diminuer, augmenter ou du tout abolir ce nouveau régime forestier, selon le bon vouloir, plaisir ou utilité. — Toutes ces causes réunies, et il n'en fallait pas tant, jetèrent le pays dans une douloureuse émotion. Son effet se prolongea d'autant mieux que la publication des ordonnances, opérée fréquemment d'après les prescriptions archiducales, ravivait à chaque instant les mécomptes du présent en y ajoutant les appréhensions de l'avenir. Aussi, quand les agents seigneuriaux voulurent mettre à exécution dans toute leur rigueur les nouvelles ordonnances, le Rosemont protesta contre ces agissements et la violation de ses priviléges spéciaux (Avril 1560. — Archives du Haut-Rhin, C. 600). La Chambre impériale d'Ensisheim ayant laissé les réclamations sans suite, les têtes s'échauffèrent dans des conciliabules secrets. On tint des propos séditieux contre la seigneurie. On manifesta le regret de n'avoir pas mis à mort, lors de la dernière visite des forêts, le grand bailli de Belfort, le juge des mines et leurs adhérents. On intima au maître des forêts l'injonction de se conformer aux anciens usages ; et cet officier, qui avait ses ordres pour résister, fut grièvement maltraité et blessé d'un coup de poignard. A l'instigation des officiers de la seigneurie qui, bourgeois du pays, devaient bénéficier des droits réclamés, à l'instigation des maires des communautés et du banneret de Giromagny, la révolte fut poussée jusques au refus de la taille et à l'insulte des soldats envoyés pour comprimer l'émeute (Décembre 1569. — Archives du Haut-Rhin, fonds Mazarin, L. 89 et 66). Ce que souhaitaient les habitants du Rosemont c'était, à l'avenir, la jouissance paisible et complète de leurs antiques usages. Ils se l'arrogeaient de fait et par violence, en même temps qu'ils expédiaient à Belfort et à Ensisheim des députés pour en obtenir une sanction régulière et expresse. Ceux-ci ne réussirent pas dans cette mission. Le grand bailli de Belfort leur répondit (21 janvier 1570) que les gens du Rosemont n'avaient pas le droit de dévaster les forêts seigneuriales par des coupes abusives, le pâturage, la paisson des porcs et le charbonnage. En outre, la Régence leur fit connaître (31 janvier 1570) que leur coutume, n'étant pas revêtue du sceau et de la signature de l'archiduc, ne prouvait point authentiquement leurs usages forestiers, et que dès lors il fallait, faute d'autres titres officiels, s'en tenir aux récents édits forestiers.

Sur des instances réitérées, la Chambre impériale confia au grand bailli de Belfort le soin de procéder à une enquête sur l'existence et la possession immémoriale des priviléges réclamés. Ce magistrat, fidèle aux instructions tracées dans une lettre où la Régence révélait toutes ses appréhensions sur les dangers et l'issue de cette opération, et comprenant parfaitement ce qu'on attendait de lui, notifia quelques mois après aux Rosemontois (18 dé-

4

cembre 1570. — Archives du Haut-Rhin, fonds Mazarin, L. 66. — Voir *infrà*, notes 44 et 45) que l'utilité publique commandait d'user des forêts particulières et seigneuriales avec la plus extrême modération; que les *Waldordnung* n'avaient pas en vue un autre objet; et qu'en cas d'insuffisance de leurs propres forêts, l'archiduc leur permettrait de prendre du bois dans les siennes. Cette promesse, en tournant la difficulté sans la résoudre, en maintenant le régime inauguré en 1557, laissait aux plaintes et réclamations un cours auquel on essaya de mettre fin en décembre 1576 et en avril 1597, en déboutant carrément les Rosementois de leur demande en confirmation expresse de leurs privilèges particuliers quant aux forêts (Archives du Haut-Rhin, C. 600 et 375, fonds Mazarin, L. 66).

Ce procédé violent n'éteignit point une lutte au fond de laquelle s'agitait l'intérêt privé toujours si ardent et si vivace : — celui des gens de la vallée, qui, par la privation partielle de leurs usages immémoriaux, étaient entravés dans leur usage et leur commerce des bois, l'élevage et la vente des bestiaux ; — celui de la seigneurie, qui, pour alimenter ses mines du Rosemont, alors en pleine prospérité, tendait à se réserver exclusivement toute la richesse forestière de son domaine. De là, pendant de longues années, entre les parties contendantes, l'accusation réciproque de dévaster les forêts; de là les reproches des habitants à la seigneurie de ses défenses illégales et de ses vexations; de là les plaintes amères de la seigneurie de l'indiscipline et des entreprises de ses sujets.

La seigneurie chercha, le 27 avril 1599, à mettre fin à ces luttes et accusations par un nouveau règlement pour la conservation, garde et meilleur entretenement des bois et quartiers de la vallée de Rosemont et de la mairie d'Etuffont (Archives du Haut-Rhin, fonds Mazarin, L. 91). — Ce règlement de la régence a été inséré dans les registres des communautés de Rosemont le 18 septembre 1599. Le voici :

« Premier l'on laisse les haultes montaignes, bois et fourest estant au« dessus des limites et marques des quartiers desdicts sujets selon le con« tenu des édits ou *Waldornung* de tout temps publiés.

« Quant aux susdits bas bois [1] et quartiers desdits subjects, iceulx subjects « y auront leurs usaiges et nécessités de bois et pour foulloyer [2], toutesfois, « par bon ordre, sans mésus ou superflu, doibvant un chacun pour brusler « prendre du mort-bois plustôt que du vif.

« L'on choisira et assermentera de par la seigneurie en tant de villaiges « qu'il semblera bon des banwards pour garder lesdits bas bois pareille« ment que les deux forestiers de Giramini.

« Item le foulloyer demeure desfendu ès gros et petits bois des Pru« dhommes, le Bichetey ou grand côté, le Cleurat et le Brueret apparte« nant au communal de la Chapelle, comme aussi en ceulx des Lithols,

---

[1] On appelle bas bois (*Unterholtz*) le bois qui a peu d'élévation et qui se trouve sous la futaie. Ce terme *bas bois* comprend le mort-bois. Il s'applique à toutes les essences ne portant pas fruit, aux ormes et frênes. Colmar, 8 avril 1820, dans le Recueil de la jurisprudence de cette cour, XVI, p. 168 et 171.

[2] *Foulloyer* signifie nettoyer la forêt parvenue à un certain âge en enlevant les sujets mal venus, superflus, traînant et gênant la croissance et le développent des autres.

« Reugial, Dupin, et leurs consorts ou paraiges, lesdits bois situés au finage
« de la Chapelle. Ains y prendront ceulx qu'ils appartiennent seulement
« pour leur servaige et pour bastir ou en accomoder leurs voisins sans
« mésus ni superflu.

« Celui ou ceulx que le banward ou forestier treuvera coppant ou char-
« geant bois du bois ou quartier d'aultrui, sera pour chacune charrée de
« bois vif défendu par les moindres édits ou *Waldordnung* vingt-cinq
« sols, à sçavoir ; cinq sols au dit banward ou forestier, et les aultres
« vingt sols à la partie qu'appartiendra le quartier, puis au seigneur que
« tel quartier sera taillable telle amende que les officiers de part et d'autre
« pourront cognoistre par vertu des dites moindres *Waldordnung*.

« Plus aura le dit banward ou forestier puissance treuvant, sur le chemin
« ou devant la maison d'un ou d'aultre, bois suspect de le visiter, puis
« l'aller eschatillonner sur le trond, et treuvant où tel bois sera esté
« prins sur aultrui et par ce puisse maintenir par son serment tel bois être
« gaigeable, le sera le délinquant pareillement qu'est contenu en l'article
« précédent.

« Si la partie qu'appartiendra le quartier treuve coppant ou chargeant
« tel bois vif défendu, sera le mésusant non moins chatyé que dessus,
« prennant la partie les vingt-cinq sols du tout.

« Mais en cas une ou aultre partie retreuverait ou suspicionnerait de son
« bois sur chemin ou devant maison, aura liberté et puissance de le faire
« eschatilloner et recognoistre par les dits banwards et forestiers, et si ainsi
« se treuve en faire prendre le chastoy précédent.

« Quant au mort bois soit sur le pied ou par terre, qu'un ou aultre
« prendra sur forest d'aultrui et sera treuvé par banward, forestier ou la
« partie, y aura quinze sols par charroy, à sçavoir au dit banward ou fo-
« restier cinq sols et à la partie dix sols. Bien entendu que s'il y avait en la
« charrée un, deux, trois ou plus de fagots de bois vif défendu, sera le
« délinquant pour vingt-cinq sols applicables comme ès articles précé-
« dents, qu'est au banward ou forestier cinq sols et à la partie vingt
« sols, et le chastoy du seigneur selon les dits articles dont le délinquant
« y sera en cas quitte de quinze sols.

« Si la partie treuve coppant ou chargeant tel mort bois aura les dits
« quinze sols du tout.

« Laissant bien à une ou aultre partie accomoder ses voisins et avoir
« par don ou par vendaige de son bois, soit pour brusler ou bastir, pour-
« veu que ce soit par nombre et charrée, et non par ouctroy de servaige
« ou usaige, afin de prevenir à superfluentée et mésus, auquel effect devra
« telle partie le dire au banward ou forestier qui toutesfois ne devra rien
« prétendre de cela.

« Ceulx des bourgeoys ou subjects de la terre de Rosemont et mairie
« d'Etuffond, qui n'ont ou n'auront bois ou quartiers en propriété, mais en
« communaultey, à suffisance pour brusler en leur maison, prendront du
« mort bois estant par terre ès haults bois au-dessus des quartiers précé-
« dens, toutesfois par ordre et selon les *Waldordnung*.

« Leur y sera aussy baillé bois pour bastir que fasse nécessité, moyen-
« nant qu'ils le demandent, et ce selon le bon plaisir des suppérieurs.

« Finalement ceulx qui seront treuvé avoir mésusé du bois de nuit
« debvront être chastiés double de ce que dessus est dit, sauf et réservé au
« suppérieur de pouvoir cy-après ajouter, diminuer ou du tout abolir les
« avant dits articles et présente ordonnance. »

Cette ordonnance ne fut pas un remède plus souverain que les précédentes pour apaiser les difficultés entre la seigneurie et ses vassaux. Le
Rosemont entendait obtenir, à titre non de grâce mais de droit, la faculté
de prendre du bois pour ses nécessités là où bon lui semblait. Il ne s'ar-
rangeait en aucune façon de voir ses usages rétrécis par une distinction
arbitraire entre les hautes futaies et les bas bois, diminués par une assi-
gnation à des quartiers pauvres et éloignés des habitations, enfin limités à
l'excès quant au marronnage, charronnage, glandée, panage et pâture. Le
nouveau régime forestier inauguré par les édits archiducaux froissait des
habitudes immémoriales en anéantissant totalement le statut de Léopold.
Aussi, dès 1601, je vois reparaître les plaintes et les réclamations du Rosemont. Mais, sans en tenir aucun compte, la Régence, fidèle au système arrêté, transmit à ses officiers les ordres les plus précis pour qu'ils s'oppo-
sassent avec énergie aux empiétements et mésus des habitants (Archives
du Haut-Rhin, fonds Mazarin, L. 7 et 89). La guerre de Trente ans in-
terrompit momentanément ces contestations en laissant libre carrière aux
usagers.

Mais à peine le duc de Mazarin est-il saisi des forêts archiducales,
qu'il s'empresse d'introduire un ordre sévère pour leur aménagement. A
cet effet il interdit les feux de broussailles, le pacage des bestiaux dans
les coupes pendant quatre années et la délivrance de plus de quatre chênes
pour la bâtisse (8 août 1672. Archives du Haut-Rhin, fonds Mazarin, L. 4).
A cet effet encore il repromulgue dans la vallée du Rosemont le règlement
de 1599, avec injonction à ses officiers de tenir strictement la main à son
entière exécution (1685. — Archives de la mairie de Giromagny).

Ces prescriptions devinrent le signal de la reprise des hostilités entre la
seigneurie et ses sujets. Redire toutes les phases de ces luttes sans cesse
renaissantes, ce serait fastidieux. Il suffira d'en marquer les points culmi-
nants.

Sous les Mazarin comme sous les archiducs, on réclame et on plaide
pour les mêmes motifs et sur les mêmes griefs. Les Rosemontois étayent
leurs prétentions sur leurs antiques coutumes et une possession incontestée
pendant cinq cents ans; les Mazarin sur leur souveraineté et les règlements archiducaux : ils dénient toute autorité à un titre qui est l'œuvre
d'un faussaire, et à une possession qui a toujours été un abus condamnable.
La haute et basse vallée du Rosemont crie à l'injustice et à la spoliation de
ses usages forestiers par l'augmentation des cens, par les coupes abusives,
les défrichements, les emphytéoses et les ventes de terrain effectuées par
la seigneurie. A son tour, la seigneurie récrimine contre ses vassaux,
contre leur mauvaise foi et leur fourberie, contre leur esprit séculaire de
chicane et de révolte, contre leurs entreprises incessantes qui, en deux

ans seulement, ont porté le chiffre des mésus à douze mille (Archives du Haut-Rhin, fonds du Domaine, carton 4, dossier J), et qui, à plusieurs reprises et d'un même coup, ont abattu jusques à quinze cents pieds de chênes ou de hêtres (Archives du Haut-Rhin, fonds Mazarin, L. 7). Telles sont les récriminations violentes échangées par les parties dans leurs procédures.

Tandis que les communautés de Méroux et de Vézelois obtiennent de la seigneurie presque sans difficulté la forêt de Moramont, dont elles réclamaient la propriété (procès de 1723; transaction du 26 août 1726. Archives du Haut-Rhin, fonds Mazarin, L. 7, 14 à 18), le haut Rosemont plus malheureux court les tribunaux durant de longues années afin de reconquérir ses usages tels qu'ils sont fixés par la Coutume.

Pour en terminer avec ces débats judiciaires qui ne cessaient que pour recommencer plus ardents et dans lesquels la famille de Mazarin n'avait pas toujours été heureuse, Louis XV, sur la demande de la duchesse de Valentinois, évoqua en son conseil d'État (11 août 1739. Archives du Haut-Rhin, C. 1358) tous les litiges pendants devant le conseil souverain d'Alsace, afin d'arriver à un cantonnement qui assignerait aux sujets un tiers de l'étendue des forêts du haut Rosemont et les deux autres tiers à la seigneurie. Vingt-trois ans après, MM. Legrand de Marisy, grand maître des eaux et forêts d'Alsace, et Paris, géomètre, présentèrent leur travail au conseil d'État qui l'homologua (27 avril et 28 novembre 1762, 24 juillet 1770. — Archives du Haut-Rhin, fonds du Domaine, carton 4, dossier J). Sauf La Chapelle-sous-Chaux et Evette, toutes les autres communautés rejetèrent ce projet d'arrangement par une protestation soit directe (Giromagny, Le Puy, Vescemont, Rougegoutte, Grosmagny, Chaux, Sermagny, Valdhoye et Eloye), soit indirecte (Etuffont Haut et Bas, Petitmagny et Anjoutey).

Elles reprochaient au cantonnement : 1º d'avoir une assiette incomplète, en ce qu'au lieu de 22,000 arpents royaux de forêts (11,000 hectares), il n'en comprenait que 11,670 et que par suite leur lot, au lieu d'être du tiers, selon l'ordre royal, n'était que du septième ou 3,359 arpents ; — 2º d'avoir mis dans leur portion les forêts les plus dévastées et les plus pauvres, tandis que les meilleures étaient réservées à leur seigneur, et que par suite leurs usages se trouvaient singulièrement rétrécis et changés ; — 3º enfin « de convertir par anticipation la vallée du Rosemont en une vallée de larmes. » (Archives du Haut-Rhin, loc. cit.) En conséquence elles ne firent aucun acte de propriété sur les cantons de forêts qui leur étaient affectés. En 1790, la loi des 15-26 mai ayant permis la révision des cantonnements lésionnaires, elles saisissent de leurs réclamations et griefs le tribunal de Belfort, qui rescinde (4 août 1792 par défaut et 5 janvier 1793 contradictoirement) le cantonnement de 1762, sans déterminer cependant les droits respectifs de chaque communauté. L'État, devenu leur contradicteur à la place des Mazarin, leur délivra un aménagement provisoire de 83 hectares jusques en 1824. A cette époque, M. de Villèle ayant rendu les forêts du Rosemont aux héritiers du cardinal, les de Grimaldi obligèrent les Rosemontois à se pourvoir en cantonnement par le refus de délivrance de leurs coupes annuelles. Cette instance, commencée en 1826, fut résolue par le tribunal de Belfort (11 avril 1828) et par la Cour impériale de Colmar (15 février 1838). (Son arrêt a été confirmé, le 11 juillet 1839, par deux arrêts de la Cour de cassation. Neyremand, *Recueil des arrêts de la Cour de Colmar*, XXXIV, p. 226, et XXXV, p. 162.) Cet arrêt souverain divisa les communautés du haut Rosemont en trois catégories, en prenant pour base de répartition dans le cantonnement le chiffre de la population d'après le recensement officiel de 1826 et l'étendue plus ou moins considérable des droits d'usage d'après les titres. — La première catégorie, qui comprenait les 6,583 habitants des villages de Giromagny, Le Puy, Vescemont, Rièrevescemont, Rougegoutte, Evette, Grosmagny, Eloye, Chaux, Valdhoye, Sermagny et La Chapelle-sous-Chaux et qui avait les droits les plus étendus (chauffage, marronnage, charronnage, vaine et grasse pâture, glandée, panage), fut admise pour moitié, à charge par Rougegoutte, Sermagny et La Chapelle, qui possédaient 185 hectares de forêts propres, de récompenser les neuf autres communautés de la différence entre la moitié et le tiers. — La deuxième catégorie, qui comprenait les 2,084 habitants d'Etueffont le Haut et le Bas, de Petitmagny et d'Anjoutey et qui avait ses usages réduits par le conseil souverain d'Alsace (4 février 1739, 8 mars et 23 décembre 1751) au pâturage et au chauffage en mort-bois et en bois mort, — ainsi que la troisième catégorie, qui se composait des 920 habitants d'Auxelles le Haut et dont le seul titre était l'acte royal de 1738, — furent admises au cantonnement pour le tiers des forêts, à charge de faire raison à la première catégorie de la différence d'entre la moitié et le tiers. — Cet arrêt, suivi d'un cantonnement terminé en 1842, mit fin après 285 ans de discussion aux luttes et contestations forestières du Rosemont.

(21) L'Urbaire de Rougemont, anno 1394, art. 8, porte une clause analogue : « On ne coupera pas de bois de chêne, de hêtre, de sureau et de « poirier dans les forêts de ce territoire, sous peine de trente sous d'amende « pour monseigneur d'Autriche à Rougemont, et de cinq sous pour le « garde. Mais si le coupable s'éloigne du tronc à une distance d'une jetée « de hache, avant que le garde ne le voie et ne le surprenne, il ne paie « rien. » (Archives du Haut-Rhin, C. 47, fo 35 de l'Urbaire.) — Même immunité dans le val de Saint-Dié. Les franchises accordées à cette ville par Mathieu Ier de Lorraine énoncent ce qui suit : « On ne doit pas poursuivre « les mésus dans les eaux et dans les forêts, parce que le bois ni l'eau « n'ont de chasse (suite), et que le foin et le fosseux huchent le pêcheur, « et la hache le forestier. » Claude Sommier (*Histoire de Saint-Dié*, p. 225) note que ces coutumes y étaient encore observées en 1726. Elles furent supprimées dans le val de Rosemont par l'archiduc Ferdinand, le 17 avril 1557 : « *Nos sujets commettent de grands abus et causent d'irréparables* « *dommages dans les bois, en ce que par un commun proverbe ils disent : que* « *quand l'on coupe, l'on appelle ; que quand l'on charge, l'on attend ; que* « *quand l'on apploye, l'on charrie ; et que quand on est hors de la place,* « *on est exempt de tout chastois, peine et dommage. Vu que tel abus n'est* « *ni juste, ni équitable, nous l'avons par ces présentes ordonnances de* « *notre pouvoir et autorité souveraine supprimé et annulé, cassé et ré-*

« voqué partout où il pouvait être introduit. » (Archives du Haut-Rhin, C. 424.) Cette ordonnance ne fut appliquée qu'aux États héréditaires de la maison d'Autriche. L'immunité, écrite dans l'article 22 du Coutumier de Rosemont et fort répandue en Alsace, subsista jusques à la révolution dans d'autres parties de la province, par exemple dans la vallée de la Magel. En effet, une constitution de 1550 porte : « Les gens de Gren-« delbruch qui ont peu de champs et de prés, et qui ne peuvent se passer « de forêts, vont chercher du bois en risquant l'amende dans les forêts de « Boersch, de Rosheim, d'Obernai et du Steinwald. Quand un homme « coupe, il crie; quand il charge, il attend ; s'il peut sortir du bois, il ne « donne rien à personne. Si le forestier veut le gager, lorsqu'il peut jeter « sa hache au delà du ruisseau, on le laissera aller. Le forestier le sur-« prend-il et lui enlève-t-il sa hache, il ne lui fera pas autre chose. Le dé-« linquant refuse-t-il le gage, le forestier ne doit ni le frapper, ni le bles-« ser, mais le suivre à Gendelbruch chez le *Heimburge*, qui lui donnera la « hache ou quelque chose de meilleur. » (Archives du Bas-Rhin, G. 1622.)

(22) Voici quelques notions sur les monnaies, poids et mesures les plus habituellement en usage dans le Rosemont.

La livre baloise se divise en 20 sols, et le sol en 12 deniers.

La livre correspond à 1 fr. 77 c. 78 m. de notre monnaie actuelle ; le sol, à 8 c. 888 m.; et le denier, à 74 millimes. (Quiquérez, *Notice sur les mines de l'ancien évêché de Bâle*, p. 159.)

La livre baloise valait 1 livre 6 sous 8 deniers tournois.

Le florin du Rhin fait 3 livres 4 deniers tournois ; il en faut quatre pour un demi-marc d'argent, lequel vaut 27 francs de notre monnaie actuelle. Le creuzer correspond à 7 deniers tournois.

On se sert de la tinne pour mesurer les liquides : la tinne contient 18 pots ou 36 pintes.

On emploie pour les grains le bichet, qui se subdivise en quarte et en quassate. Le bichet pèse environ 25 livres et renferme 24 quartes. La quesse en grain est le vingtième de la quarte, et le lenrou le huitième. Le coupot en blé fait la moitié de la quarte et les cinq quartes font le sac du poids de 200 livres. En avoine, il faut 3 coupots ramlés et les 4 quartes font le sac de 12 boisseaux en avoine, mesure de Paris.

L'aune d'Allemagne est la mesure ordinaire de longueur, quand on n'est pas convenu expressément de l'aune de Paris.

Les poids sont au poids de marc à seize onces pour la livre. (Archives du Haut-Rhin, fonds Mazarin, L. 11 et 89. — Add. notes 14 et 42.)

(23) A la théorie des vacants ou terres incultes et abandonnées se rattache celle des épaves, c'est-à-dire des choses mobilières, perdues, abandonnées ou sans maître connu, et celle du trésor. Les hauts justiciers s'attribuèrent le bénéfice des épaves et du trésor découvert par le droit du plus fort (Bacquet, *Des droits de justices*, ch. 32, n° 2, Cfr., *supra*, note 14). Celui du Rosemont acquiert la propriété des biens trouvés, lorsqu'ils ne sont pas répétés dans les quarante jours (même texte dans l'Urbaire de Belfort. *Revue d'Alsace*, 1860, p. 163).

En vertu du même principe, il est maître également des mines décou-
vertes et à découvrir dans l'étendue de sa seigneurie. Aucun document ne
fixe l'époque où les mines du Rosemont ont été ouvertes. Il ne paraît pas
que les comtes de Montbéliard et de Ferette y aient fait travailler. Selon
toute probabilité, c'est la maison d'Autriche qui a pris l'initiative de ces
établissements. Les fouilles commencèrent d'abord à Auxelles, au Puy, à
Giromagny et vers 1500 à la Magdelaine. Ces dernières mines furent abandonnées à cause de leur insuffisance ; les autres étaient au contraire en
pleine activité d'exploitation dès le quinzième siècle. En effet, le 20 août
1462, on jugeait utile d'établir par un règlement la manière dont devait se
comporter le bergrichter ou prévôt des mines de Schirameni. Les archiducs en édictèrent de nouveaux en 1560 et 1562. On tirait de ces mines de
l'argent, du cuivre et du plomb. L'argent était porté à Ensisheim où existait un atelier monétaire, et l'on voit par les comptes de cet établissement
qu'on y conduisit 5,000 marcs d'argent en 1601, 2,034 marcs en 1602, et
1,900 marcs en 1609. — Quoique Louis XIV n'eût pas compris expressément
les mines du Rosemont dans sa donation au cardinal de Mazarin, celui-ci
et ses héritiers en continuèrent l'exploitation. De 1700 à 1709, ils en reti-
rèrent un bénéfice annuel de 40,000 francs. En 1783, le duc de Valentinois, seigneur du Rosemont, fit faire des percements importants. La
concession nouvelle de 1843 a ranimé les travaux un moment abandonnés.
Ces mines ont beaucoup contribué à accroître la population et la richesse
de la vallée. (Archives du Haut-Rhin, C. 375 et 399. — Fonds Mazarin,
L. 12.)

(24) Sur le service militaire dû par les paysans d'Alsace à leur seigneur,
voir les curieux détails fournis par M. Hanauer (les Paysans d'Alsace,
p. 265 et suiv.). — Les mineurs du Rosemont, affranchis des corvées,
étaient tenus au service militaire, ainsi que nous l'avons vu (note 1).
— Durant la guerre contre les Suédois, les gens du Rosemont se sont
acquittés de leurs devoirs d'ost et de chevauchée avec une fidélité et un
courage extrêmes, et ils ont célébré leur héroïque résistance à l'ennemi
par un chant populaire qui se répète encore de nos jours à la veillée. Le
voici. C'est un échantillon de la langue vulgaire de ces montagnards.

> Co d'Genery de Vescemont, que Due le boute en gloire,
> Al o vortchie tros djous, tros neus por rassembia son monde
> Al o vortchie tros djous, tros neus por rassembia son monde
> Adue vue die, Reucha preveux ! Veus qu'a veute bonnire ?
> Adue vue die, Reucha preveux ! Veus qu'a veute bonnire ?
> — Neu l'an layié là dedans Tcha, dedans Tcha la djeulie,
> — Neu l'an layié là dedans Tcha, dedans Tcha la djeulie,
> Où ja laichié cinq cents pietons por vadjai la bonnire,
> Où ja laichié cinq cents pietons por vadjai la bonnire.
> Dechu la breuchte di Vadeau neu ranconstran dé mires,
> Dechu la breuchte di Vadeau neu ranconstran dé mires,
> Et tant pietons que cavailiés neu-z-étins quinze mille.
> Et tant pietons que cavailiés neu-z-étins quinze mille.

Detchassie vos, coqs de Béfô, por pessa la revire,
Detchassie vos, coqs de Béfô, por pessa la revire ;
Cé qui n'saront pessa lou pont pessrant dans la revire,
Cé qui n'saront pessa lou pont pessrant dans la revire.
Regaidje en hâ, regaidje en bé, ne sa qué tchemin panre,
Regaidje en hâ, regaidje en bé, ne sa qué tchemin panre,
Al an tirié en contre va, devé lai croux de pire,
Al an tirié en contre va, devé lai croux de pire,
Dechu la breuchte des Ainans neu-z-an repris la pridje,
Dechu la breuchte des Ainans neu-z-an repris la pridje,
Tos les pos et tos les motous, tote la boirdgerie,
Tos les pos et tos les motons, tote la boirdgerie.
Al ou piqua s'tchouva moirat por satai lai barrire,
Al ou piqua s'tchouva moirat por satai lai barrire,
Son tchapai a tchu en dérie, no voyu le recudre,
Son tchapai a tchu en dérie, no voyu le recudre ;
Tos lais gens de Dgéromingny tchaulins quement des andges,
Tos lais gens de Dgéromingny tchaulins quement des andges,
Et tos ce de Serminmingny brelins quement des tchivres,
Et tos ce de Serminmingny brelins quement des tchivres.
S'il avint pessa poi Angeot, reunu poi la rivire,
S'il avint pessa poi Angeot, reunu poi la rivire,
Tos les afants di Rosemont serint tos avu des chires.

TRADUCTION.

C'est Généry de Vescemont, que Dieu le mette en gloire,
Il a trimé trois jours et trois nuits pour rassembler son monde.
Dieu vous garde, prévôt Richard ! Où est votre bannière ?
— Nous l'avons déposée à Chaux, à Chaux la jolie,
Où j'ai laissé cinq cents hommes de pied pour garder la bannière.
Aux avenues de Valdhoie nous rencontrâmes l'ennemi en face,
Et tant fantassins que cavaliers nous étions quinze mille.
Déchaussez-vous, messieurs de Belfort, pour passer la rivière ;
Ceux qui ne pourront passer le pont passeront au gué.
Ils regardent en haut, en bas, ne sachant quel chemin prendre,
Et ils ont fait demi-tour à la croix de pierre.
Sur la plaine des Ainans nous avons repris notre butin,
Tous les porcs et tous les moutons, toute la bergerie.
Richard prévôt éperonne son cheval gris pommelé pour sauter la barrière,
Son chapeau tombe à terre, il ne daigne pas le ramasser,
Tous les gens de Giromagny chantaient comme des anges,
Et tous ceux de Sermagny bêlaient comme des chèvres.
S'ils avaient passé par Angeot et fussent venus par la rivière,
Tous les enfants du Rosemont seraient devenus des sires.

(25) Dans l'administration romaine, les travaux exigés par le service

public s'effectuaient par le bras des contribuables. C'est là l'origine des
corvées ou services personnels que les seigneurs justiciers du moyen âge
réclamèrent de leurs sujets, à titre de convention ou d'abus, pour faner
leurs foins, scier leurs blés, labourer leurs terres, réparer les chemins et
faire des charrois ou autres ouvrages semblables. Chaque sujet du Rosemont, tant de la haute que de la basse justice, devait à son seigneur et
par an quatre journées de corvée, conformément à l'usage général de l'Alsace. En retour, il recevait avec un gobelet de vin une miche de pain.
Quoique, dans le Coutumier, il ne soit pas question de corvées pour l'entretien du château de Rosemont, cette obligation me paraît certaine. Les
justiciables de Rougegoutte étaient tenus de conduire à Roppe les maté-
riaux dont le seigneur avait besoin pour bâtir (Archives du Haut-Rhin,
fonds Mazarin, L. 3, 11, 12, 14 à 18, 63, et fonds du Domaine, carton 5,
dossier N). On sait d'ailleurs que depuis 1425 l'aide des Rosemontois pouvait être requis pour améliorer et entretenir les fortifications de la ville
de Belfort. Tant que le domaine du Rosemont appartint à la maison d'Autriche, cette dette des corvées demeura incontestée. Les difficultés ne
naquirent que sous les Mazarin. Tranchées momentanément par l'arrêt du
conseil d'Etat en date du 27 février 1668, elles furent définitivement réso-
lues par celui du 24 décembre 1683 (confirmé par arrêts des 29 décembre
1698, 14 août 1700, 14 avril 1701, 2 mars 1711, 4 septembre 1714, 18 août
1716 et les lettres royales du 8 mars 1717). D'après cette décision, loi su-
prème de la matière, tous les sujets de la seigneurie, bourgeois, manants,
et habitants, hommes, femmes, veuves, garçons ou filles tenant ménage,
autres que les ouvriers des mines du Rosemont, devaient annuellement
cinq corvées payables par trimestre, en nature ou en argent, au choix du
seigneur. Un tarif gradué suivant la condition des personnes détermi-
nait la redevance pécuniaire à acquitter, quand le corvéable n'effectuait
pas personnellement les travaux. C'étaient : 7 livres 10 sous par chaque
charrue, 2 livres 10 sous par chaque journalier, et 25 sous par chaque veuve
ou fille n'ayant point de charrue (Ord. d'Alsace, II, p. 136, 282, 302, 318,
482, 490 et 590). Dans la basse justice de Rougegoutte, le paysan continua
à ne devoir que quatre corvées (Archives du Haut-Rhin, fonds du Domaine, carton 5, dossier N). Quatre et cinq jours de corvée, voilà le sort
du Rosemont ; il était moins durement traité que la basse Alsace, où le
conseil d'Etat, cédant à l'avidité seigneuriale, avait porté le nombre des
corvées à dix et même à douze (Arrêts notables, I, p. 33. — Archives du
Haut-Rhin, fonds Mazarin, L. 63).

(26) Les maires sont dans les communautés les représentants du seigneur
haut justicier au même titre que le bailli l'est dans tout le territoire de la
seigneurie de Rosemont. Le bas justicier de Rougegoutte donne également
à ses agents la qualification de *maires*, mais ceux-ci, dont l'autorité est
bornée dans les villages aux seuls sujets de la basse justice, ne jouissent
d'aucun des privilèges et franchises attribués à cette classe d'officiers par
les usages généraux de l'Alsace. Or, parmi ces privilèges, les plus estima-
bles consistaient en certains honneurs réservés dans les églises aux maires
en l'absence du seigneur, et en une exemption complète de taille, corvées

et autres prestations envers le domaine seigneurial (Voir art. 45 du Coutumier et L. 75, 127 et 138 du Cod. Théod., *De Muner. et Honor*).

Ces *honorati* villageois furent, dans le Rosemont, toujours nommés et révoqués par le bailli de Belfort, au nom des archiducs d'Autriche ou des Mazarin. Il y a cette particularité, quant au maire de Giromagny, c'est que le prévôt des mines confirme l'institution délivrée par le gouverneur du comté de Belfort (Archives du Haut-Rhin, C. 400, et fonds Mazarin, L. 77). Les maires, créés à temps ou à vie et choisis parmi les gens de bien, manquaient parfois tellement de culture intellectuelle, qu'ils ne savaient ni lire ni écrire. Cette ignorance entravait l'administration, et en 1608 la régence d'Ensisheim enjoignit au bailli de Belfort de n'élire désormais pour maires que des gens capables et lettrés, et d'insérer dans la commission d'office la clause de RÉVOCABILITÉ A BON PLAISIR. Sous les Mazarin, on bailla la charge de maire en Rosemont à titre de finances (Archives du Haut-Rhin, C. 591 et 592, et fonds Mazarin, L. 77 et 12).

Jamais la seigneurie n'alloua de gages à ces officiers, qui trouvaient leurs émoluments dans l'affranchissement d'impôt et dans certains actes de leurs attributions. (Voir note 17.)

Ces agents avaient pour mission de :

1° Surveiller l'administration des biens communaux ;

2° Veiller au maintien local de l'ordre et de la police sous la direction hiérarchique du lieutenant ;

3° Commander les assemblées des mairies et présider à leurs délibérations ;

4° Autoriser les réunions des jurés, bourgeois et habitants ;

5° Recueillir et porter à la seigneurie les tailles, dîmes, redevances ou autres impôts ;

6° Fournir, à chaque quartier de l'année, aux receveurs seigneuriaux l'état exact, fidèle et complet de tous les corvéables et chevaux d'attelage, à peine de poursuite en cas de livraison de fausses listes ;

7° Vérifier la qualité des denrées, comestibles et viandes ;

8° Remplir les fonctions de sergent dans les mairies où il n'y avait point d'huissier. Quand ils furent déchargés de ces fonctions par la création des huissiers, les maires des communautés du Rosemont durent, ainsi que tous les autres sujets de la haute justice, prêter assistance et main-forte aux porteurs des mandements judiciaires, moyennant un salaire raisonnable ; et à peine, en cas de refus, d'être poursuivis conformément à l'ordonnance (Arrêt du 8 janvier 1688. Arrêts notables, II, p. 28. Archives du Haut-Rhin, fonds Mazarin, L. 11 et 12).

Jusques au 12 septembre 1729, le maire d'Étueffont demeura chargé de vérifier et poinçonner tous les ans les poids et mesures des négociants de sa communauté (Archives du Haut-Rhin, fonds Mazarin, L. 12).

(27) En 1721 et en 1738, les officiers de la famille de Mazarin firent effort pour porter la taille à 450 et à 500 livres, mais les intéressés obtinrent du conseil souverain d'Alsace la réduction de son chiffre au taux coutumier qui était un abonnement. — En 1742, les communautés du Ro-

semont acquittaient encore les 400 livres de taille, dans les proportions suivantes :

66 livres pour la mairie de Chaux (comprenant les villages de Chaux, Eloye, la Chapelle et Sermagny) ;

43 livres pour la mairie de Rougegoutte (Rougegoutte et Grosmagny) ;

48 livres pour la mairie de Vescemont (Vescemont, Giromagny et le Puy) ;

44 livres pour la mairie de Valdhoye (Valdhoye et Evette) ;

90 livres pour la mairie de Méroux (Méroux et Vézelois) ;

56 livres pour la mairie d'Argiésans (Argiésans, Urcerey et Banvillars) ;

53 livres pour la mairie d'Etuffont (Etuffont-le-Haut, Etuffont-le-Bas, Anjoutey et Petitmagny).

La taille, représentation de la sécurité garantie par le seigneur à la personne et aux biens de ceux qui s'établissaient dans le territoire de sa justice, avait à la fois un caractère personnel et réel. L'empereur Ferdinand ordonna, le 31 mars 1571, que désormais elle n'affecterait plus les personnes, mais seulement les biens. En conséquence, les maires du Rosemont, qui étaient chargés de recueillir la taille et de la verser à deux époques fixes d'une seule main aux agents de la seigneurie, dressèrent de temps à autre des états de répartition sur les biens-fonds roturiers de leurs finages respectifs. Ils faisaient entrer dans les terres imposables les héritages chargés de cens fonciers en argent, grains, poules, chapons, cire ou autrement, soit envers le seigneur de Rosemont, soit envers tous autres. Mais ils laissaient en dehors de la répartition de la taille : 1° les héritages sujets à la taille envers les autres seigneurs fonciers de la vallée ; 2° les biens appartenant à la seigneurie ou donnés par elle en emphytéose ; 3° les biens de fief ; 4° les biens propres des églises ou des communautés (Archives du Haut-Rhin, fonds Mazarin, L. 12, 14 à 18 et 89).

Indépendamment de cette taille, les sujets de la haute justice du Rosemont versaient, en 1394, à titre de taille des chiens appelée *Gette* ou *Brennage*, 3 livres 7 sols balois. En 1742, elle est encore payée au moins par la mairie d'Etuffont (Archives du Haut-Rhin, C. 47, et fonds Mazarin, L. 12).

(28) L'hôpital de Belfort, dit *hôpital des poules*, fut fondé en 1349 par Jeanne de Montbéliard, veuve du comte Ulric II de Ferette, remariée d'abord à Rodolphe Hesson, margrave de Bade, ensuite au comte Guillaume de Katzenellenbogen. — Cet asile, destiné à dix malades indigents, fut entretenu d'après l'acte de fondation par la taille dont parle l'article 29 du Coutumier (Voir dans Henri Bardy, *Belfort au moyen âge*, la charte de fondation de cet hospice. — Archives du Haut-Rhin, fonds Mazarin, L. 14 à 18). A cette taille fournie par les communautés de Méroux et de Vézelois, l'archiduchesse Catherine de Bourgogne ajouta en 1415 les revenus du moulin banal d'Anjoutin. — Vers 1558, les bourgeois et négociants de Belfort construisirent un second hôpital sous l'invocation de sainte Barbe. (H. Bardy, *Coup d'œil sur l'histoire de l'hôpital de Belfort* dans la *Revue d'Alsace*, II, p. 481, et III, p. 156.)

(29) Tandis que les communautés du Rosemont *ut universæ* étaient chargées de la taille, les cens dont parle l'article 30 pesaient uniquement sur le détenteur de certains fonds donnés par le seigneur à ses sujets. — Les Urbaires et le Terrier de 1742 énumèrent soigneusement les nombreux débiteurs de ces redevances. Voici quel était en 1711 le montant des rentes d'avoine perçues par la seigneurie :

Mairie d'Etuffont. — 90 quartes.

Giromagny. — 40 quartes.

Le Puy. — 84 quartes.

Vescemont. — 40 quartes.

Rougegoutte. — 11 quartes 3/8.

Grosmagny. — 5 quartes 2/3.

Chaux. — 73 quartes.

La Chapelle. — 39 quartes.

Sermagny. — 55 quartes 1/2.

Evette. — 72 quartes.

Eloye. — 26 quartes.

Valdhoye. — 11 quartes 1/4.

Mairie de Vézelois, } dans le bas Rosemont, 100 quartes.
Mairie d'Argiésans, }

(Archives du Haut-Rhin, fonds Mazarin, L. 14 à 18.)

(30) Dans le Rosemont la dîme se prélève au onzième et sur toute espèce de légumes et grains : froment, épeautre, seigle, sarrasin, avoine, navette, pois, lentilles, millet. — Le seigneur haut justicier entendit assujettir également à la dîme les pommes de terre, dont la culture récente dans la vallée soulageait la misère du peuple. Les gens de Giromagny contestèrent en 1729 la prétention des Mazarin. Ils succombèrent dans leur instance, parce que les autres communautés du Rosemont s'y étaient soumises sans résistance. Celles-ci, en 1742, lors de la confection du grand terrier de la seigneurie, voulurent revenir sur le passé et les faits accomplis. Mais on opposa à ces réclamations tardives les nombreux arrêts du conseil souverain qui légitimaient en Alsace la perception de la dîme sur les pommes de terre (Archives du Haut-Rhin, fonds Mazarin, L. 11 et 12. — Arrêts notables, II, p. 183 et 300). — Le seigneur haut justicier entendit aussi prendre sa part du chanvre mâle, mais les préjugés judiciaires rendus en cette matière, et d'ailleurs tout favorables à ses sujets, ne lui permirent pas de s'engager utilement dans un procès (Archives du Haut-Rhin, fonds Mazarin, L. 11 et 12. — Arrêts notables, II, p. 268). — Les mairies d'Argiésans et de Vézelois obtinrent spécialement l'affranchissement de la dîme pour toute terre cultivée en légumes sur une étendue d'un demi-journal à un journal et demi (Archives du Haut-Rhin, fonds Mazarin, L. 12). — Enfin l'ordonnance de 1687 avait exempté de la dîme pendant douze ans tout terrain défriché, l'eût-il été sans l'observation des formalités prescrites par la loi (Arrêts notables, II, p. 224).

Les seigneurs décimateurs du Rosemont étaient, en 1742, mademoiselle de Durefort de Duras, héritière des Mazarin, — le grand doyen du chapitre de Bâle, — les curés d'Etuffont et de Rougegoutte, — les chanoines

de Belfort, — les jésuites d'Ensisheim, — les dames d'Andlau et de Massevaux, — le baron de Landemberg, — le comte de Reinach de Roppe, —
le comte de Reinach de Foussemagne, — M. de Riboulet, — etc., etc.

A la seigneurie de Rosemont appartenaient les deux tiers des grosses et
menues dîmes sur les finages de Giromagny, Rougegoutte, Grosmagny et
Vescemont ; — des portions de dîme au Puy, à la Chapelle, à Chaux, à
Sermagny et à Evette, — ainsi que dans les mairies d'Argiésans et de
Vézelois ; — enfin la moitié des dîmes de la mairie d'Etuffont. — L'étendue
de ses droits fut souvent modifiée par des accords particuliers. — A partir
de 1767, toutes les dîmes *novales* revinrent à la seigneurie du Rosemont.

Voici le montant de la dîme en seigle et en avoine, qui fut payée à la
seigneurie du Rosemont pour l'année 1719, non compris les vins et la cire ;
1 sol 10 deniers par quarte :

	Seigle.	Avoine.
Le Puy	80	80
Giromagny	28	00
Vescemont	59 3/4	47
Rougegoutte	36 1/4	00
Grosmagny	116 2/3	116 1/2
Sermagny	125 3/4	125 3/4
Chaux	101 1/4	101 1/4
La Chapelle	103 1/2	103 1/2
Evette	152 1/2	155
Etuffont-le-Haut (grêlé)	9 1/2	10 1/2
Petitmagny	12 1/2	13
Etuffont-le-Bas	13	13
Anjoutey	12 1/2	12 1/2

(Archives du Haut-Rhin, fonds Mazarin, L. 62.)

Ainsi que les corvées et les tailles, les dîmes étaient un impôt lourd et
odieux aux populations. En 1742, celles du Rosemont, qui du reste n'ont
jamais eu de tendresse pour leur seigneur, loin de faire l'aveu des dîmes et
d'en vouloir constater la nature et l'espèce afin d'éviter toute contestation
ultérieure, se bornent à répondre sèchement : « *Il suffit que nous les
« paiyions.* » (Archives du Haut-Rhin, fonds Mazarin, L. 12).

(31) Les maires levaient la dîme pour la seigneurie. Les autres décimateurs du Rosemont étaient tenus d'avoir pour cette collecte des préposés assermentés. Ceux-ci constataient, concurremment avec les maires
et les bangards, les infractions au payement de cet impôt (Archives du
Haut-Rhin, fonds Mazarin, L. 11).

(32) Chaque sujet tenant ménage et ayant feu, même les filles et les
veuves, portait à la Saint-Martin une poule à la maison seigneuriale du
Rosemont, d'abord au château, ensuite à Giromagny, à la maison du roi
(Archives du Haut-Rhin, fonds Mazarin, L. 11). D'après la seigneurie,
voici quel était en 1763 le chiffre des feux : 130 à Giromagny ; — 46 à
Auxelles-le-Haut ; — 92 au Puy ; — 59 à Rougegoutte ; — 36 à Vescemont ;

— 12 aux métairies de Vescemont ; — 53 à Grosmagny ; — 135 à Etuf-font-le-Haut, Etuffont-le-Bas, Bourg, Anjoutey et Petitmagny ; — 11 à la Madelaine ; — 57 à Chaux ; — 53 à la Chapelle-sous-Chaux ; — 54 à Ser-magny ; — 31 à Evette ; — 37 à Valdhoye ; — 15 à Eloye ; — 71 à Bau-villars, Argiésans et Urcerey ; — 49 à Méroux ; — 59 à Vézelois ; to-tal : 1,000 (Archives du Haut-Rhin, C. 1098). Suivant les communautés qui réclamaient des délivrances forestières en proportion du nombre des feux, le chiffre aurait été beaucoup plus élevé ; elles le portaient à 1,215 pour Giromagny, le Puy, Vescemont, Rougegoutte, Grosmagny, Chaux, Sermagny, Valdhoye, Eloye et Auxelles-le-Haut, c'est-à-dire pour la moitié seulement des villages du Rosemont (Archives du Haut-Rhin, fonds du Domaine, carton 4, dossier J). Les habitants de la mairie d'Etuffont payaient à la seigneurie à la saint Martin non pas seulement une mais deux poules ; la première à titre d'affouage et la seconde à titre de sujétion (Requête du 24 mars 1749. — Archives du Haut-Rhin, fonds Mazarin, L. 7).

Les sujets de la basse justice de Rougegoutte devaient à leur seigneur deux poules de fumée à Anjoutey et Etuffont-le-Bas, et trois et demie à Etuffont-le-Haut (Archives du Haut-Rhin, fonds du Domaine, carton 5, dossier N).

En 1780, la poule vaut 7 sols (Archives du Haut-Rhin, fonds Mazarin, L. 3).

(33) Les Rosemontois autorisés, moyennant des redevances en planches et en vaisselle, à prendre du bois pour ces ouvrages dans les forêts doma-niales, commirent, aux dires de la seigneurie, de si nombreux abus et de telles déprédations, que des entraves à l'exercice de cette faculté furent jugées indispensables à la conservation de la richesse forestière. Aussi, après qu'on eut ordonné dans le Rosemont la suppression de toute scierie inutile au service des mines, fut-il fait défense en 1557 par l'archiduc Fer-dinand de confectionner des planches et des lattes pour les vendre hors de la vallée, et en 1573 par la régence d'Ensisheim, d'exporter de la vais-selle et des baquets de bois (Archives du Haut-Rhin, C. 424, et fonds Mazarin, L. 7 et 89). La fabrication de ces objets était de la sorte réduite aux besoins de la consommation locale.

(34) D'après la loi Salique (tit. XXIV), la loi des Allemands (tit. LXXXIII), et le Capitulaire de 813 (Baluze, I, p. 296, 80 et 334), chacun a, comme dans notre Coutumier, la faculté de construire un moulin sur son propre héri-tage. Frédéric Barberousse, en rangeant, à la sollicitation des comtes, ba-rons et évêques, les moulins dans la classe des droits régaliens (Liber feud. lib. II, tit. LVI), permit au seigneur du Rosemont de changer la législation primitive, et par suite du nouveau principe, d'élever des moulins banaux à Etuffont-le-Haut, à Anjoutey, à Argiésans et à Giromagny. L'archiduc Fer-dinand avait prescrit en 1567 (10 avril) d'en établir un par chaque trois vil-lages du Rosemont. Les Mazarin essayèrent en 1693 de rendre banaux tous ceux qu'ils possédaient dans la vallée. Je ne sais ce qu'il advint de l'ordonnance de Ferdinand, mais la tentative des Mazarin échoua. La ba-

nalité ne resta obligatoire, à peine de 500 livres d'amende et de confiscation
des grains, que dans les localités ci-dessous désignées. Tous les autres sujets
du Rosemont étaient libres de s'adresser pour la mouture de leurs blés à
des établissements soit domaniaux, soit particuliers, pourvu que leur choix
ne portât point sur une usine située hors de la vallée. Ils payaient aux meuniers les droits de mouture, tels qu'ils avaient été fixés par les règlements
archiducaux des 22 octobre 1534 et décembre 1570, c'est-à-dire au vingtième
de la quarte (Cf. Loisel, *Instit. cout.*, 2, 2, 35. — Archives du Haut-Rhin,
C. 424, fonds Mazarin, L. 11, 12, 57 et 59). En 1711, il existait dans les
villages de Rougegoutte, Chaux, la Chapelle, Sermagny et Valdhoye des
moulins appartenant à des particuliers qui payaient à la seigneurie une redevance annuelle en avoine ou en seigle (Archives du Haut-Rhin, fonds
Mazarin, L. 14 à 18).

(35) D'après la législation germanique, les eaux sont la propriété de
tous, tout en devenant susceptibles d'appropriation privée par une possession biennale. (*Lex Burg.*, *addit.* I, tit. I, § 3.) L'Alsace suivit cette tradition pendant assez longtemps (cf. *Coutumes d'Orbey*, p. 35) ; et en ce qui
concerne le Rosemont, on voit par les articles 36, 37, 49 et 53 du Coutumier que les eaux des rivières et ruisseaux étaient originairement livrées
à l'usage commun sans entraves ni empêchement. Mais, ainsi que je l'ai
déjà dit, une révolution survint. Frédéric Barberousse, en plaçant les eaux
parmi les choses sans maître, permit aux hauts justiciers de recueillir à
titre de droit régalien OMNEM UTILITATEM EX DECURSU FLUMINUM PROVE-
NIENTEM (Craggius, *Feudor.*, lib. I, p. 119). En conséquence de ce principe nouveau, l'ordonnance archiducale de 1567 déclara toutes les eaux
courantes du Rosemont propriété de la seigneurie. Cette suprématie,
les Mazarin la firent consacrer par le conseil souverain tant à l'encontre
des bas justiciers que des communautés (Arrêts des 27 février 1668 et
27 juin 1692). L'article 37 de la Coutume se trouva par suite modifié ; et
dès lors les habitants de la vallée ne purent construire sur les rivières
moulins, scierie, foulon, pilon à écorce ou autre usine travaillant par le
secours de l'eau qu'avec le consentement préalable des officiers seigneuriaux et moyennant une redevance annuelle en seigle, avoine ou argent
(Ord. du 10 avril 1567. — Archives du Haut-Rhin, C. 177, 424 et 1272,
et fonds Mazarin, L. 11, 12, 57 et 66). J'ai indiqué dans la note précédente
les moulins sujets à cette contribution. L'huilerie d'Eloye, les scieries du
Puy et de Vescemont l'acquittaient également (Archives du Haut-Rhin,
fonds Mazarin, L. 14 à 18. — Cf. Urbaire de Pfaffans en 1344, art. 3).

(36) A Rougemont, les gens de Saint-Nicolas gardaient le château à leurs
frais (Urbaire de 1394. Archives du Haut-Rhin, C. 47), tandis qu'à Rosemont ce soin repose uniquement sur le lieutenant. Mais celui-ci en est
dédommagé par une contribution. Les justiciables de la haute seigneurie
lui donnent par ménage, au temps de la moisson, une gerbe des meilleurs
grains ou 2 sols d'Allemagne pour se décharger personnellement du guet.
Au commencement du dix-huitième siècle, le château de Rosemont tom-
bait en ruine : on ne montait plus de garde. Les contribuables présen-

tèrent donc requête au conseil souverain pour être exonérés d'une redevance annuelle qui se trouvait n'avoir plus ni objet ni utilité. Cette
demande, quelque légitimée qu'elle fût par le texte même de la Coutume,
l'arrêt du 4 février 1739 la rejeta, en se fondant sur les usages anciens
(Archives du Haut-Rhin, fonds Mazarin, L. 7, 12 et 66). Les habitants
de la mairie d'Etuffont payaient la gerbe comme les gens du haut Rosemont. Ceux des mairies de Vézelois et d'Argiésans montaient la garde au
château de Belfort.

(37) Le 11 août 1566, un marché fut institué à Giromagny le samedi de
chaque semaine. Il se tenait également dans cette localité quatre foires,
les mardis précédant les Rameaux, la Saint-Jean, la Saint-Michel et la Saint-
Martin. Ces foires pouvaient être recriées par le bailli du Rosemont sur
la réquisition des maire, jurés et négociants de Giromagny.

(38) Cette partie de l'article 48 a été modifiée par les actes des 12 mai 1515,
20 août, 1562, 18 avril 1580, 18 juin 1597, 25 mars 1599, 1er avril 1604, 19 avril
1618, 19 mars 1620 et 22 mars 1631, qui ont successivement réglementé pour
le Rosemont le droit de boucherie dans un sens restrictif de la liberté (Archives du Haut-Rhin, C. 113; fonds Mazarin, L. 59. Voir *Coutumes d'Orbey*,
p. 39, note 48). La seigneurie avait édifié à Giromagny une boucherie
qui était affermée à un ou plusieurs individus, et où devaient s'approvi-
sionner les sujets des hautes et basses justices, à peine de 10 livres baloises par chaque contravention. Quoiqu'on ne leur permit point d'établir
de boucheries particulières et libres, ils étaient cependant autorisés par le
bailli à tuer des bestiaux en cas d'accidents, et à en débiter publique-
ment la viande après visite de cette marchandise par les maires et jurés.
Les Rosemontois auraient aimé à procéder de même pour les animaux
qu'ils engraissaient. Mais la seigneurie ne consentit jamais à souffrir cette
atteinte à sa banalité et maintint avec fermeté les priviléges des bouchers seigneuriaux. Ceux-ci, en retour de leur monopole, étaient astreints
à l'obligation d'avoir tous les jours, et particulièrement le samedi, de la
marchandise de toute espèce et de bonne qualité, afin de satisfaire le public, et de se conformer au prix de vente arrêté par le bailli et les taxeurs
jurés (Archives du Haut-Rhin, fonds Mazarin, L. 11, 12 et 58. — Cf. *suprà*, note 1). A partir du 13 mars 1723, leur étal dut être fermé le dimanche et les jours de fête pendant l'office divin (Ord. d'Alsace, II,
p. 411).

(39) La seigneurie ayant affirmé son droit de propriété sur les eaux des
rivières du Rosemont et l'ayant fait constater judiciairement tant contre
les communautés que contre les bas justiciers, il ne fut plus permis aux sujets d'arrêter le cours des eaux pour féconder leurs prés par des irrigations,
ainsi que le permettait l'article 49 du Coutumier. On ne leur laissa cette
faculté qu'en temps d'extrême abondance, lorsque l'arrosage ne devait gê-
ner en rien le service des mines de Giromagny et des forges de Belfort.
Tout détournement des eaux durant l'été rendait les contrevenants pas-

sibles d'amendes et de dommages-intérêts envers la seigneurie (Archives du Haut-Rhin, C. 177 et 1272. — Fonds Mazarin, L. 11, 12, 57 et 66).

(40) La coutume de Rosemont est très-pauvre en droit civil. L'article 51 est un des rares articles qui s'en occupent. Il règle le régime successoral, et encore d'une façon imparfaite, par une référence à une lettre archiducale. Cette lettre, qui n'existe actuellement ni dans les archives de la mairie de Giromagny, ni dans celles de la préfecture du Haut-Rhin, émanait de l'archiduc Léopold : elle est rappelée et confirmée par la patente de l'archiduc Sigismond en 1467 (Voir l'Introduction, § 5). Elle a affranchi les Rosemontois de la mainmorte. Or, les effets de l'abolition de la mainmorte sur le régime successoral sont nettement caractérisés et définis, tant par l'Urbaire de Pfaffans que par la charte de Belfort, et leurs textes que voici peuvent utilement suppléer la perte de la lettre archiducale. Urbaire de Pfaffans , anno 1344, art. 21 : « *Il n'y a point de mainmorte ou ser-* « *vitude dans toute la paroisse de Pfaffans, mais l'un hérite l'autre jusqu'au* « *neuvième degré.* » — Charte de Belfort, anno 1307 : « Après si aucun « borgoys ou borgeoise ou des habitans esdits lyeu (de Belfort) mourait « sans hoirs de son corps, tous ses biens meubles et héritaiges doivent se « passer et être à plus prochain de son parenté, selon le droit de succes- « sion de lignaige, si ainsi n'était que celuy qui mourait en ordonnait aut- « trement ; ni nous ni nos successeurs, qui seront seigneurs de Belfort, ne « réclame les biens qui demeureront deceluy ou celle qui mort sera par « coustumes ni par aultres raisons quelle quellesoyt ou quelle puisse estre, « ni ès meubles ès héritaiges ni ès conquêts. Et ce aucung qui ne serait de « léal mariage moarait sans hoyrs de son corps, tous ses biens meubles et « héritaiges doibvent estre au seigneur saulf ce que sa femme doibt tenir « son douaire à sa vie et après sa mort doyt repérier au seigneur. » Ainsi, dans le val de Rosemont, les successions se partageaient par égales parts entre tous les enfants indistinctement sans aucun privilège de masculinité, d'aînesse ou de juveigneurie (sur la juveigneurie, voir mes *Coutumes d'Orbey*, p. 41), et leurs droits héréditaires se réglaient dans les premières années du dix-huitième siècle par des actes sous seing privé, quelquefois même sans aucun écrit, verbalement, et ces conventions verbales étaient saintement respectées.

J'ajouterai, pour combler les lacunes de la coutume, que dans le Rosemont les rapports pécuniaires des époux n'étaient jamais fixés par un contrat de mariage. La pratique de cette convention y était totalement inconnue, ainsi que l'attestent les registres des anciens notaires du pays. La communauté matrimoniale était régie uniquement et dans tous les cas par la coutume de Ferette, sur laquelle j'ai donné des détails dans mes Coutumes du val d'Orbey (p. 53). Je renverrai également le lecteur à ce travail pour tout ce qui concerne la représentation, les retraits et les donations entre époux.

(41) La mairie d'Etuffont, détachée en 1354 de la seigneurie de Rougemont pour être annexée à celle du Rosemont, demeura toujours astreinte au **BANVIN**. On entend par *Banvin* le droit pour le seigneur de vendre

seul du vin pendant un temps plus ou moins long, ordinairement quarante jours. La mairie d'Etuffont racheta le banvin moyennant la contribution fixe de 2 livres 10 sols balois (Archives du Haut-Rhin, fonds Mazarin, L. 12). Dans le bas Rosemont, la mairie de Vézelois-Méroux payait également pour banvin à la seigneurie 2 florins ou une charrée et demie de vin blanc (*Loc. cit.*, L. 14 à 18).

(42) L'*Engall*, *Umgeld*, *Weingeld* ou *Maasphenning*, impôt sur la vente en détail des vins, fut introduit dans le Rosemont et les autres possessions patrimoniales de la maison d'Autriche à partir de 1563. Il fut primitivement levé pour subvenir aux frais de la guerre contre les Turcs. Les besoins incessants d'argent firent maintenir cette contribution sur les cabaretiers (Archives du Haut-Rhin, C. 240 et 248. Cf., note 1). Elle persista sous la domination française au profit du roi, ainsi que l'atteste le règlement suivant publié à Giromagny pour la police des cabarets et des boulangeries :

« Premièrement les cabarestiers jurez avant que mettre le vin qu'ils
« veuillent vendre en destail, en cave, le font cranuer par le commis des
« fermiers du roy, pour lequel effet ils doivent pour le DROIT DU ROY, de
» chaque tinne douze solz six deniers balloix, et après le vin leur est taxé
« par deux taxeurs establys et jurez l'un par les officiers des mynes et
« l'autre par celui de Rosemont, qui, suivant que le vin couste et distance
« du lieu où on le va quérir, leur est taxé ; pourquoy ils en tirent une
« pinte et un pain. Par exemple : le vin coustant, la tinne, à Thannes,
« 3 d., on paye pour le charoit, péages et despens, pour chaque tinne,
« 1 denier 5 schellings ; pour le *droit du roy* 12 ss. 6 d., et pour tout gain
« et profit desdits cabarettiers 12 ss. 6 d. ; qui font en tout, 5 d. 10 ss. ; de
« sorte que la pinte, estant au nombre de trente-six dans la tinne, peut être
« taxée 3 ss. 2 d., et ainsi à proportion, des autres prix et distance des lieux.

« Il n'est permis ausdits cabarettiers de cuire du pain pour débiter en
« leurs logis ; ainsi le doivent prendre chez le boulanger, pour lequel
« subjet ils tirent de chaque sol de pain 2 d.

« Comme aussy ne doivent tuer bœufs, vaches, moutons et veaux, pour
« les débiter en détail dans l'hostellerie, sans le consentement des bou-
« chers establys ; sinon en un festin de nopces, ou solennité du lieu, en
« quel cas il est permis.

« Est défendu aux cabarettiers d'entretenir et bailler à boire, sans né-
« cessité, aux personnes du lieu en leur logis, passées les dix heures du
« soir, et pendant le service divin, aux jours de feste.

« Sont obligez fournir et bailler du vin, à un chacun, pour l'argent, hor-
« mis es temps défendus, sans aucune envie ny hayne.

» Leur est défendu sur peine de grands chastaix, frauder leur vin, soit
« eu y meslant de l'eau, soit en distribuant du moindre et le faire passer
« pour bon.

« En outre doivent faire conster le prix du vin par leur foy, ou attesta-
« tion des lieux où on l'aura achepté, afin de s'y régler pour la taxe.

« Finalement sont obligez de vendre vin un an et jour, sur peine de l'a-
« mende, ainsi qu'il s'est observé de toute anciennelé.

« Pour les boulangers, trois taxeurs estant commis, deux des officiers
« des mynes, et un de celuy de Rosemont, sont obligez, tous les samedys,
« non seulement peser le pain des boulangers qui n'estant de la pesanteur
« qu'ils sont tenus de les vendre, sont amendables : encore visiter les poids,
« aulnes et autres mesures de merciers et marchands, qui tiennent
« leurs marchandises en vente sur le marché, qui, recogneus en faute, en
« sont punys, par lesdits officiers des mynes et celui de Rosemont, qui en
« jugent, en telle matière, conjointement.

« Chaque année, lesdits officiers s'assemblants ensemble y font appel-
« ler par le sergent des mynes les brodmeisters et Eschevins des myneurs
« avec les trois taxeurs susmentionnés, où on règle les mesures des caba-
« rettiers de Giromagny et du Puix, les aulnes, poids et balances des me-
« sures non seulement du lieu, mais encor des estrangers, et chaque par-
« tie est punie suivant la faute qui se trouvera. » (Archives du Haut-Rhin,
fonds Mazarin, L. 89.)

(43) Il était défendu, sous peine d'amende et de confiscation, d'exporter le bétail hors du Rosemont pour en faire trafic (Mandements de 1515,
1527, 1528, 1529, 1555, 1597 et 1599). Et tout commerçant qui faisait passer
des bestiaux par la vallée sans les vendre à ses habitants payait, à titre
de péage, pour un bœuf 2 deniers, pour un porc 1 denier, et pour un mouton 1 denier (Mandement de 1645). Nouvel arrêté péager promulgué en
1600 par l'archiduc Rodolphe (Archives du Haut-Rhin, C. 177, 179, 350 et
654. — Fonds Mazarin, L. 89).

Voici les péages qu'on acquittait dans le Rosemont en 1742 :

Pour un cheval, par l'acheteur et le vendeur, 1 sol ;

Pour le menu bétail : porc, mouton, brebis, 3 deniers ;

Pour une bête à corne, 4 deniers ;

Pour le déchargement d'un chariot garni de denrées ou de marchandises, 6 deniers ; le double, les jours de foire ou de marché ;

Pour le déchargement d'une charrette garnie de marchandises, 3 deniers ;
le double, les jours de foire ou de marché ;

Pour le ban et étal de marchandises sur le marché, 3 deniers ;

Pour exposition d'étoffes à vendre sur le marché, 6 deniers ; et les jours
de foire, 3 sols 4 deniers ;

Pour un chariot chargé d'écorce, 6 deniers ;

Pour une charrette chargée d'écorce, 3 deniers ;

Pour vendre volailles, œufs et beurre, les jours de marché 1 denier, et
les jours de foire 2 deniers ;

Pour revendre ces comestibles après achat, 1 creutzer ;

Pour achat d'étoffe par chaque aune, 1 denier ;

Pour achat de chaussures par paire, 1 denier ;

S'il y a plusieurs achats près de différents marchands, autant de deniers
sont dus ; tandis qu'il n'est dû qu'un seul denier, s'il y a plusieurs achats
près du même marchand.

Les gens du Rosemont doivent ces droits à Belfort : ils ne les acquittent à Giromagny que les jours de marché et de foire. Les forains les payent en tout temps.

Vers le milieu du dix-huitième siècle, les Rosemontois firent effort pour s'exonérer des droits de péage et de menues ventes, comme des droits d'éminage, de châtrerie, de guenilles. — La seigneurie répondit à cette prétention par ses arguments accoutumés et maintint de force ces entraves à la liberté du commerce, trouvant que les communautés du val « *avaient* « *bien de la hardiesse à vouloir se mettre de pair avec les bourgeois de la ville* « *de Belfort, sans être munies des privilèges et coutumes de ces derniers.* » (Archives du Haut-Rhin, fonds Mazarin, L. 11 et 12.)

(44 et 45) Dans la vallée du Rosemont, la pêche et la chasse ont une histoire commune : mêmes débuts, mêmes péripéties, mêmes résultats derniers. Elles ont passé du régime de la liberté à celui des restrictions pour revenir encore à la liberté. Comment, par quelles causes et à la suite de quels incidents, ces révolutions se sont-elles accomplies ? Je vais le narrer avec toute l'exactitude et toute la brièveté possible.

On sait que les lois romaines (Inst., lib. II, tit. I, § 12) et barbares (L. Rip., tit. LXXVI) avaient classé, au nombre des droits naturels, la pêche et la chasse, ces plaisirs si passionnément recherchés par l'homme. Au treizième siècle, le Miroir de Souabe répète (1re partie, C. 356, édit. Senckenberg) : « Dieu en créant l'homme lui donna pouvoir sur les poissons « et les oiseaux, ainsi que sur tous les autres animaux. » Cette doctrine avait dès cette époque reçu des atteintes considérables. Les royautés mérovingienne et carlovingienne s'étaient réservé d'immenses garennes de chasse et de pêche (Ducange, v° *Foresta*). A leur imitation, les petits dynastes allemands désirèrent de semblables prérogatives dans le territoire de leurs seigneuries ; et ils obtinrent en 1152 de l'empereur Frédéric Barberousse que la chasse et la pêche fussent comptées parmi les droits régaliens (Goldast, *Constit. imper.*, partie 2, p. 11. — Craggius, *Lib. feud.*, I, p. 119. — *Lib. feud.* II, tit. LVI). — On appliqua au gibier et au poisson la théorie des vacants (Voir *suprà*, note 14), des choses sans maître connu, lesquelles appartiennent, en vertu de la suprématie territoriale, au seigneur haut justicier dans le district duquel elles se trouvent. Leur appréhension sans son autorisation constitua un délit puni, pour la chasse, d'une amende de soixante sous, et pour la pêche, d'une amende de trois sous (Miroir de Souabe, 1re partie, C. 356, 365 et 221). Cette théorie, opposée aux antiques traditions de l'Alsace, ne fit son chemin dans cette province, ni partout, ni au même moment (cf. *Coutumes d'Orbey*, notes 34 et 37). Elle n'avait pas encore pénétré dans le Rosemont lors de la rédaction de son coutumier, c'est-à-dire vers la fin du quatorzième siècle. Alors le seigneur haut justicier n'y possède exclusivement ni garenne de chasse, ni garenne de pêche, puisque *tous les habitants du Rosemont* jouissent, d'après les articles 53 et 54, de la franchise de la pêche (cf. Urbaire de Belfort de 1472. — *Revue d'Alsace*, 1860, p. 159), et d'après les articles 55 et 56, de la franchise de la chasse. Il n'y a d'exception que pour une certaine nature de gibier, à l'occasion de laquelle il est dû à titre d'hommage régalien une faible redevance, tant par les sujets de la haute justice de Rosemont que par ceux de la basse justice de Rougegoutte (Enquête de 1483. — Archives du Haut-Rhin, fonds Mazarin, L. 77).

En 1565, la régence d'Ensisheim dont la mission était de donner aux droits utiles de la seigneurie du Rosemont toute l'extension qu'ils comportaient, brisa ces vieilles franchises et immunités coutumières. Au nom de l'archiduc, elle interdit à tous les vassaux du domaine et la chasse dans toute l'étendue de la vallée, et la pêche dans tous les cours d'eau.

Cette défense inattendue compliqua d'un nouvel élément de discorde la lutte déjà engagée entre le seigneur et ses sujets à propos des usages forestiers. Elle vint imprimer à cette lutte une vigueur et une irritation plus grande (Voir note 20).

Pour la revendication de leurs droits à la chasse et à la pêche, les Rosemontois suivirent la même marche que pour la revendication de leurs usages forestiers.

Une députation des communautés de la vallée se rendit à Ensisheim, afin de protester contre la double prohibition, en s'appuyant sur le texte formel du statut et sur une possession séculaire incontestée. L'archiduc Ferdinand, auquel il fut rendu compte de cette démarche, couvrit bientôt après de sa haute autorité la mesure prise par ses officiers (10 avril 1567). En effet il notifia aux Rosemontois qu'à ses yeux « le titre sur lequel ils « fondaient leurs prétentions au libre exercice de la pêche et de la chasse, « loin d'être incontestable, ne présentait qu'une mauvaise énumération de « leurs coutumes et usages, tels qu'ils les avaient eux-mêmes rédigés pour « leur profit et celui de leurs descendants; qu'il était contraire aux anciens « urbaires de la seigneurie du Rosemont; que ni lui ni ses successeurs ne « pouvaient le tenir pour suffisant et démonstratif, tout en leur conservant « les franchises et grâces spéciales accordées par feu l'archiduc Léopold; « mais que QUANT A LA PÊCHE ET AUX EAUX POISSONNEUSES, *les eaux du* « *Rosemont appartenant à la seigneurie, il ne reconnaissait à ses sujets aucun* « *droit particulier, puisqu'ils n'en présentaient pas titre suffisant, et que par* « *conséquent on s'en tiendrait désormais au règlement suivant. Toutes les* « *eaux et ruisseaux du Rosemont seront mises en ban et défends. Dorénavant* « *personne, ni mineur, ni sujet du pays ne pourra y pêcher avec filets, ni* « *détourner les eaux, ni pêcher à la main, ce qui a entraîné jusques ici la dé-* « *vastation des eaux. On n'y pêchera plus à l'avenir qu'à l'étiquet, le moins* « *meurtrier de tous les filets, seulement deux fois par semaine, le mercredi et* « *le vendredi, jours d'abstinence, et uniquement pour les besoins privés et* « *sans faire commerce du poisson. Les contrevenants seront jugés et punis,* « *les paysans par le grand bailli et les mineurs par le juge des mines. La* « *seigneurie se réserve en outre d'affermer ou de conserver la pêche, selon les* « *circonstances.* — QUANT AU DROIT DE CHASSE, *l'ancien Urbaire dit que* « *quand le seigneur veut chasser, les sujets du Rosemont sont tenus de l'aider.* « *Ils cesseront donc désormais de chasser du gibier rouge ou noir, ce qui du* « *reste est plus nuisible qu'utile à leurs autres travaux. Mais pour que ni eux,* « *ni leurs bêtes, ni leurs biens ne reçoivent dommage du gibier noir, des loups* « *ou autres animaux malfaisans, il sera organisé des battues pour les dé-* « *truire, et à l'occasion de ces battues il sera fait don aux sujets d'une pièce*

« de gibier selon les circonstances et le bon plaisir ». (Archives du Haut-Rhin, C. 424).

Quelques mois après la notification de cet important rescrit archiducal, Ferdinand rendit (16 octobre 1567), en vue de la conservation du gibier, l'ordonnance suivante :

« 1° Si quelqu'un, de quelque qualité et condition qu'il soit, s'avise de
« chasser, de tirer ou prendre du gibier ou des bêtes fauves dans nos pays
« antérieurs d'Autriche sans notre permission, ou en notre absence sans
« celle de la régence de nos pays antérieurs d'Autriche, que le coupable
« soit constitué prisonnier par notre intendant des bois et forêts, par le
« garde-chasse à cheval et forestier, avec l'assistance des préposés des
« lieux où le délit sera commis ; que cette contravention soit dénoncée à
« notre régence, qui aura droit et pouvoir de punir le coupable, selon
« l'exigence des cas et suivant la qualité des personnes ; que le coupable
« passe acte judiciaire dans lequel seront insérés les faits et la promesse par
« serment de ne pas récidiver, de ne pas tirer vengeance des juges et pré-
« posés, non plus que des personnes qui auront procédé à son arres-
« tation.

« 2° Si le coupable tombe en récidive et est constitué prisonnier une
« seconde fois, notre régence le punira pour ce fait délictueux et dans sa
« personne et dans ses biens, par exemple par l'exposition au carcan ou
« autre châtiment, toutefois en ayant égard à l'exigence des cas et à la
« qualité des personnes. Notre régence lui défendra également de porter
« jamais un fusil. Elle lui fera encore passer acte où l'on mentionnera les
« circonstances de la contravention et où le coupable s'engagera par ser-
« ment à ne pas tirer vengeance des poursuites exercées contre lui.

« 3° Si quelqu'un est emprisonné une troisième fois pour délit de chasse,
« notre régence procédera dans ce cas contre le coupable au criminel
« comme contre un parjure et un faussaire ; et elle le punira suivant les
« pratiques en usage dans la province.

« 4° Comme ces braconniers n'ont d'ordinaire point de domicile et louent
« une habitation dans la maison d'autrui, nous voulons, pour mieux répri-
« mer les délits de chasse, que les peines ci-dessus édictées soient appli-
« quées non-seulement à ces braconniers, mais encore aux cabaretiers et à
« toutes autres personnes qui leur donnent retraite. Nous enjoignons aux
« gens domiciliés de ne pas leur fournir refuge et de ne pas louer leurs
« maisons à de pareilles personnes sans la permission de nos préposés ; et
« quand il arrive de telles gens dans nos pays antérieurs, villes, bourgs
« ou villages pour louer des maisons, ceux auxquels elles s'adresseront se-
« ront tenus d'avertir préalablement nos préposés, et de leur présenter ces
« étrangers, afin que nos officiers obtiennent de ces étrangers l'engagement
« par serment de ne point porter fusil dans les bois et forêts, de ne pas
« tirer du gibier et de ne pas lui causer dommage. Nous enjoignons aux
« loueurs de maisons d'avoir l'œil sur la conduite de leurs locataires, afin
« que si ceux-ci quêtaient le gibier, ils avertissent nos officiers, sous peine
« d'être punis et emprisonnés comme les braconniers eux-mêmes, dans le

« cas où la régence aurait connaissance, en dehors de leurs déclarations,
« des délits commis par leurs locataires.

« 5° *La présente ordonnance ne portera point préjudice à ceux qui se trou-*
« *veront privilégiés et auront le droit de chasse justifié par titres valables.*

« 6° Nos officiers veilleront à ce que les sujets n'entretiennent pas de
« chiens portant préjudice au gibier, et s'ils en trouvent, ils feront en sorte
« que les sujets s'en défassent. Quant aux chiens entretenus pour la garde
« des maisons et des champs, notre intendant des bois et forêts en per-
« mettra un certain nombre dans chaque village, selon les besoins de
« chaque particulier, en ayant soin que ces chiens ne fassent pas tort au
« gibier. Il prescrira aux sujets d'attacher des mailloches au cou de leurs
« chiens pendant les temps prohibés, pendant surtout que les biches et
« chevrettes mettent bas leurs faons, c'est-à-dire depuis la fête de la
« Saint-Georges à la fête de la Saint-Jean-Baptiste. Nos sujets qui auront
« des chiens à leur suite pour la garde du bétail les devront tenir à
« l'attache, pour qu'ils ne puissent poursuivre le gibier. Aucune autre
« personne, notamment ceux qui conduisent des voitures dans les bois et
« forêts pour y chercher du bois, ne devra jamais avoir de chiens à sa
« suite. Quiconque contreviendra à cette défense, et quiconque ne fera
« pas attacher des mailloches au cou de ses chiens durant les saisons pro-
« hibées, payera à notre intendant une amende de deux livres staëbler.

« 7° Nous défendons à tous de porter fusil dans les bois et forêts, et
« même dans la campagne, alors même que ce fusil chargé serait destiné à
« tirer en l'air, à peine contre le contrevenant d'une amende de dix livres
« staëbler et de la confiscation de son arme.

« 8° Nos agents forestiers veilleront à ce que les haies construites dans
« les forêts pour servir à la chasse ne soient ni rompues ni endommagées,
« et à ce qu'on ne coupe aucun bois à cinq pas de distance en deçà et au
« delà desdites haies, sous peine de dix livres staëbler d'amende. Ils
« veilleront également à ce qu'on ne coupe point de bois près des gîtes
« des lièvres, à peine de trois livres staëbler d'amende.

« 9° Ils auront soin aussi qu'on ne gâte, ni n'emporte, ni prenne du
« gibier de plume, à peine de cinq livres d'amende contre le délinquant.

« 10° Quiconque trouvera du gibier tué, sera tenu d'avertir immédiate-
« ment les préposés et officiers des juridictions où le gibier aura été tué.
« Ceux-ci conjointement avec le plus prochain forestier et une ou deux
« personnes honorables feront une enquête pour savoir si le gibier a été
« tué et par qui ; s'il a été forcé par les chiens et à qui appartiennent les
« chiens ; ou si le gibier s'est abattu de lui-même. Ils informeront du tout
« notre intendant ; ils feront remettre à ce dernier le gibier trouvé et
« donneront une gratification au dénonciateur aussi bien qu'aux assistants
« à la visite. La peau et le droit du chasseur seront remis et délivrés au
« forestier ou garde-chasse. Pareil gibier trouvé frais dans les environs
« d'Ensisheim, sera transporté dans cette ville et remis à notre gouverneur
« provincial après avis à notre intendant des eaux et forêts. — Quiconque
« trouvera du gibier tué et le retiendra sans le dénoncer sera mis à
« l'amende de trente livres staëbler.

« 11° Nous ordonnons que personne à l'avenir ne contrevienne à ce qui
a vient d'être ci-dessus édicté. — NOUS DÉFENDONS A QUI QUE CE SOIT DE
« S'ATTRIBUER LE DROIT DE CHASSE DANS NOS BOIS ET FORÊTS SANS EN
« AVOIR PRÉALABLEMENT OBTENU PERMISSION DE NOUS OU SANS Y ÊTRE
« FONDÉ EN TITRES AUTHENTIQUES, SUFFISANTS ET VALABLES, ÉMANÉS DE
« NOS PRÉDÉCESSEURS OU EN POSSESSION IMMÉMORIALE. — Nous défendons
« enfin de porter à notre intendant des eaux et forêts aucun obstacle ou
« empêchement pour l'exécution de nos commandements. » (Archives du
Haut-Rhin, C. 424, et fonds Mazarin, L. 66.)

Ainsi, par la notification du rescrit archiducal du 10 avril 1567 et par celle
de l'ordonnance générale du 16 octobre suivant, la seigneurie du Rosemont
affirme que la chasse et la pêche, dans toute l'étendue de son domaine,
sont ses droits exclusifs, les attributs de sa haute justice et les bénéfices de
son fisc. Elle interdit à tous, bas justiciers et vassaux, leur exercice qui
jusques alors a été libre et paisible. Enfin comme couronnement, elle édicte
contre les contrevenants des peines d'une excessive sévérité.

Cette défense générale ne fléchit que dans deux cas déterminés : quand
il y a permission spéciale à certains privilégiés, par exemple le sieur Hafer
et les officiers de Belfort accompagnant le landvogt de la haute Alsace,
ou bien quand il existe titre ou possession immémoriale de ces droits de
chasse et de pêche au profit des sujets d'une seigneurie (24 décembre
1568. — Archives du Haut-Rhin, fonds Mazarin, L. 66).

Ainsi que je l'ai déjà dit, les Rosemontois réclamaient cette double
faculté en se prévalant du texte formel de leur coutume et d'un usage séculaire incontesté. Cette prétention, condamnée une première fois par le
rescrit archiducal et l'ordonnance de 1567, le fut une seconde par les
instructions spéciales de la régence, qui enjoignit, les 8 avril, 28 mai et
24 décembre 1568, aux officiers de Belfort de tenir vigoureusement la main
à ce que les sujets des haute et basse justices du Rosemont ne tuent point
de gibier, ne prennent ni ne vendent point de poisson, à peine de châtiment pécuniaire ou corporel suivant la gravité du forfait (Archives du
Haut-Rhin, fonds Mazarin, L. 11 et 66).

Bas justiciers, maires des communautés, banneret de Giromagny et vassaux, loin de courber la tête devant ces injonctions, s'attachent à la défense
obstinée de leurs vieilles franchises et organisent de concert pour la chasse
et la pêche, comme pour les forêts, la résistance aux nouveaux édits. Aux
conciliabules secrets, aux propos séditieux, succèdent les menaces et les
voies de fait (Octobre et décembre 1569. — Voir *supra*, note 20). On va
jusqu'à signifier au grand bailli de Belfort, en lui remettant une copie des
usages locaux approuvée par l'archiduc Sigismond, qu'à l'avenir ils seront
suivis purement et simplement comme par le passé et sans aucune préoc-
cupation des ordonnances. En un mot, l'effervescence et l'irritation
arrivent à des limites telles que le grand bailli Ulric de Stadion et le lieutenant du Rosemont Hügelin Bordenet, redoutant des désordres plus
grands encore que les précédents, jugent à propos de parcourir les villages
pour calmer les esprits et dissiper l'agitation. Plus effrayés que rassurés
sur l'état de la vallée, ces officiers, après leur rapide excursion, supplient

la régence de mettre fin sans retard à cette situation désolante (4 décembre 1569. — Archives du Haut-Rhin, fonds Mazarin, L. 89). Leur remontrance jeta les conseillers d'Ensisheim dans un extrême embarras. Céder à l'émeute, c'était faiblesse et mépris de la volonté archiducale; résister, c'était fouler aux pieds des droits acquis et achever de jeter la population dans le désespoir. La temporisation leur parut, au milieu de cette conjoncture délicate, le parti le plus sage et le plus sûr pour atteindre le but souhaité. A cette fin donc ils estimèrent utile, avant de frapper les rebelles des sévérités de la loi, de faire réitérér dans le Rosemont, par l'*Untermareschal* de la chambre, la promulgation des édits impériaux, en ajoutant aux prohibitions ce correctif : « *Sauf aux sujets de la seigneurie à faire statuer « sur leurs droits s'ils ont privilége spécial.* » (7 et 12 décembre 1569. — Archives du Haut-Rhin, fonds Mazarin, L. 66.) On conviait ainsi les Rosemontois à une procédure qu'on considérait comme un moyen salutaire pour endormir la résistance. Cette procédure fut entamée dès le mois suivant.

On continuait en effet et nonobstant les ordonnances à chasser et à pêcher dans le Rosemont. Six chasseurs s'étant rendus au château de Belfort, pour y porter la part obligée de venaison, les pattes de devant d'un sanglier, eurent, paraît-il, le tort de joindre à leur oblation quelques propos insolents et une attitude si moqueuse que le grand bailli les fit arrêter et incarcérer (21 janvier 1570).

A cette nouvelle, les communautés de la vallée prirent le fait et cause de leurs prisonniers. Des députés s'en allèrent à Ensisheim avec la double mission de réclamer et la mise en liberté des détenus et la confirmation expresse des droits de chasse et de pêche.

Après quelques hésitations, il fut fait droit à la première partie de leur demande par la relaxe des détenus (10 février 1570).

Mais avant de statuer sur la deuxième, la régence consulta pour gagner du temps le grand bailli de Belfort, qui, sous la date du 28 janvier 1570, lui transmit la réponse suivante : « La chasse et la pêche n'appartiennent « qu'au seigneur haut justicier du Rosemont. — Nous n'avons jamais en- « tendu dire que les sujets de ce domaine aient eu la liberté de chasser et « de pêcher et nous n'avons jamais vu le titre d'une pareille franchise. Nous « CROYONS QU'IL Y A BIEN LONGTEMPS, ALORS QUE LES MONTAGNES DE LA « VALLÉE ÉTAIENT COMPLÉTEMENT COUVERTES DE BOIS ET QUE LE GIBIER Y « CAUSAIT DES DOMMAGES PAR SA SURABONDANCE, LA SEIGNEURIE PERMIT « AUX ROSEMONTOIS DE LE CHASSER ET LE PRENDRE. CELA A PU DURER « JUSQU'A CES DERNIERS TEMPS. Mais, comme notre gracieux seigneur, en « sa qualité de prince territorial, a daigné dans sa sollicitude paternelle et « dans l'intérêt des mines, prendre de nouvelles mesures de bonne police, « créer des garennes de chasse et de pêche en mettant les bois et les eaux « en défends, il m'a été à moi grand bailli sérieusement imposé de tuer les « bêtes malfaisantes et nuisibles. Par conséquent, il a été défendu aux « sujets de chasser désormais... et d'user de la pêche sans mesure (Ar- « chives du Haut-Rhin, fonds Mazarin, L. 66).

Munie de cet avis ambigu, la Chambre impériale repoussa, par ces consi-

« dérants, la requête en confirmation des franchises de la chasse et de la
« pêche : « L'approbation donnée par l'archiduc Sigismond à la Coutume
« du Rosemont, étant générale et ne renfermant aucune mention relative
« à ces droits, ne prouve donc rien quant à leur existence au profit des
« sujets. D'ailleurs, le Coutumier sur parchemin est lui-même *privata*
« *scriptura*, puisqu'il est sans date, sans consécration de la seigneurie, sans
« signature et sans sceau. Les sujets ne s'en peuvent prévaloir en droit.
« S'ils ont quelque autre privilége ou concession, ils doivent présenter cette
« pièce, et, en attendant, s'en tenir à la mesure prise antérieurement. »
(31 janvier 1570. — Archives, *loc. cit.*)

Déboutés de leurs prétentions à la chasse et à la pêche faute d'un titre
jugé suffisant et authentique, les députés rosemontois, sans perdre ni temps
ni courage, offrent de justifier de ces droits par une autre preuve légale :
la possession immémoriale. En demandant enquête, ils représentent à la
Régence « que pendant que le seigneur de Morimont possédait en engage-
« ment la seigneurie du Rosemont, ce qui s'étend au delà de mémoire
« d'homme, leurs concitoyens n'ont jamais été inquiétés dans l'exercice de
« la chasse ; qu'ils ont toujours agi au scu du seigneur de Morimont et de
« ses officiers, auxquels ils remettaient pour son droit la partie antérieure
« de l'animal ; qu'ils ont joui de ce droit en vertu de la confirmation et de
« la possession immémoriale ; qu'ils ignorent s'ils ont reçu une concession
« écrite particulière ; mais que le lieutenant du Rosemont, Jacques de
« Saint-Egmond, mort peu de temps avant la défense de chasser, avait of-
« fert à quelques jurés, si on voulait lui faire cadeau d'un cheval de 40 à
« 50 couronnes, de faire obtenir cette lettre de franchise, et qu'il était dé-
« cédé à la suite de cette offre. » (3 février 1570. — Archives, *loc. cit.*)

La Chambre impériale se montra fort surprise de pareille allégation.
Avant d'en tenir compte et d'accorder l'enquête sollicitée, elle consulta
le grand bailli de Belfort sur l'opportunité de cette mesure par une lettre
dont j'extrais ce curieux passage : « Quant à la supplique des Rosemontois
« qui demandent, en l'absence d'un titre écrit, la permission de prouver
« leurs droits et leurs usages constants de la chasse, il peut être bon et
« prudent de leur refuser l'enquête sur ce point ainsi qu'au sujet de l'or-
« donnance forestière, parce que s'ils arrivaient à établir suffisamment leurs
« prétentions, ils insisteraient d'autant plus et avec d'autant plus de force
« sur la possession. Il peut être dangereux de leur accorder cette demande.
« Notre opinion est que tu t'informes en particulier près des officiers et
« d'autres personnes de confiance pour savoir ce qu'il en est au fond des
« droits que les sujets s'arrogent sur la chasse ; si ceux-ci peuvent exclure
« le seigneur ; si auparavant les seigneurs engagistes ont chassé avec eux
« et à côté d'eux ; si les Rosemontois reconnaissent cet état de choses ; de-
« puis combien de temps ils le possèdent et en jouissent ; s'il y a probabi-
« lité qu'ils puissent en administrer une preuve suffisante ; et, dans le cas où
« l'on aurait à craindre ce résultat, s'il ne serait pas plus avantageux et plus
« prudent de leur confirmer ce droit sur certains points particuliers ou pour
« un temps déterminé, ou bien si l'on pourrait leur donner quelque compen-
« sation pour ce droit de chasse. » (10 février 1570. — Archives, *loc. cit.*)

Le bailli de Belfort, Ulric de Stadion, répondit à la Régence (2 mars 1570, Archives, *loc. cit.*) par un très-long mémoire. En voici les fragments principaux :

« Quant à la chasse, les sujets du Rosemont ont, de temps immémorial, « traqué en hiver le sanglier dans les montagnes de la vallée. Mais je ne « crois pas qu'ils puissent prouver par écrit cette franchise, ni l'obligation « pour la seigneurie de leur accorder cette faculté. A la vérité, l'ordon- « nance de 1567 porte, § 11 : *Que personne ne s'arroge dans nos forêts des* « *droits de chasse sans notre consentement, à moins d'y être fondé en titre* « *authentique ou en possession immémoriale.* Interpréter et apprécier ces ex- « pressions c'est chose délicate et difficile, et je vous en laisse le soin. — « Suivant vos instructions, j'ai réuni à Giromagny quatre vieillards en pré- « sence du waldmeister, du maire et de Henri Schantzler. Après leur avoir « rappelé les différends au sujet de la chasse, et après leur avoir exposé « qu'il importait d'éviter par suite de cette affaire une plus grande dis- « grâce de Son Altesse et de plus grands frais, je leur ai demandé de me « dire ce qui se pratiquait autrefois, et ce qu'ils pensaient des prétentions « de leurs compatriotes.—*Cette affaire,* nous ont-ils répondu avec calme, *est* « *pénible aux Rosemontois, qui demandent humblement la paisible jouissance* « *de leurs anciens usages de chasse et autres. La vérité est celle-ci. La chasse* « *appartient dans tout le Rosemont et ses dépendances à Son Altesse et à nul* « *autre. Quand, pendant l'hiver ou pendant l'été, on nous prévient d'entretenir* « *et fermer les haies, nous sommes tenus d'aider et d'amener nos chiens si on* « *le désire. En retour, la seigneurie nous donne à boire et à manger suivant sa* « *libéralité. De plus, aux dires de nos pères et grands-pères, nous avons tou-* « *jours eu jusques au litige actuel ce droit et usage, à savoir que, lorsqu'il y a* « *des sangliers dans la montagne ou la vallée du Rosemont, quelques villages se* « *réunissent pour abattre ces animaux avec leurs chiens. On remet à la sei-* « *gneurie ou à ses officiers à Belfort la tête du sanglier et le premier quartier* « *jusques à onze côtes; les chasseurs partagent le reste. Quant au gibier* « *rouge, comme cerfs et chevreuils, nous ne l'avons jamais revendiqué, ni ne* « *le revendiquons point. Lorsqu'un ours est pris, sa tête et ses quatre pattes* « *doivent être portées au château de Belfort. Nous ne nous rappelons pas si* « *les engagistes du Rosemont ont chassé avec nous. La seigneurie a toujours* « *eu le droit de chasser, et il n'est pas à notre connaissance qu'on le lui ait* « *jamais contesté.* Tel est le langage des quatre vieillards. — Vous me de- « mandez s'il est probable que les sujets puissent prouver leur possession « immémoriale du droit de chasse, et si, pour prévenir les conséquences de « cette preuve, il ne serait pas préférable de limiter leur droit à certains « bois ou à un certain temps. LA QUESTION DE LA POSSESSION ME SEMBLE « RÉSOLUE AFFIRMATIVEMENT. Bien qu'il ne s'agisse en ce moment que de « la chasse, les Rosemontois ont une foule d'abus qui sont intimement liés à « cette réclamation et qu'ils prétendent comprendre dans la confirmation « expresse de leurs usages. — Il faut prendre garde que l'exemple des Ro- « semontois, gens remuants et boute-en-train, ne soit contagieux. Déjà, en « la ville de Belfort, où les engagements de cette seigneurie ont provoqué « de grands désordres, on recherche les anciennes franchises et on en parle

« beaucoup... D'ailleurs, sous le rapport de la chasse, la situation n'est plus
« la même que par le passé. Autrefois le gibier était abondant. Il a au-
« jourd'hui beaucoup diminué par le défrichement des forêts pour le ser-
« vice des mines, par la conversion de certains bois en étangs et par la
« multiplication des chasseurs. Chaque sujet veut vivre des produits de la
« chasse. Il entretient non pas seulement, comme des paysans, des chiens de
« garde, mais des chiens de chasse pur sang. Il en a un, deux ou trois, aux-
« quels il n'attache point de mailloches, pas même en temps prohibé. Chaque
« sujet chasse non-seulement les sangliers, mais selon son bon plaisir, les
« chevreuils, les renards, les lièvres, les martres, et tout ce qu'il rencontre.
« J'ajoute que les mineurs ont les mêmes droits que les autres habitants;
« et ce sont autant de chasseurs en plus, parce qu'ils négligent leurs travaux
« pour se procurer ce plaisir. Toutes ces pratiques détestables ruinent le
« gibier. Et, malgré cela, les Rosemontois ne veulent pas plus renoncer à
« leurs anciennes habitudes que si la quantité du gibier n'avait pas dimi-
« nué... Je conclus. *Les sujets prouveront leur droit à la chasse au delà de*
« *mémoire d'homme si on leur accorde l'enquête.* La possession doit-elle pré-
« valoir sur les droits régaliens du prince? ou bien s'en tiendra-t-on aux
« règlements des eaux, bois et forêts en offrant aux Rosemontois de se sou-
« mettre à tout article et ordonnance? On pourrait leur accorder la chasse
« du sanglier depuis la Saint André (30 novembre) jusques au 1er janvier, à
« charge de la redevance ordinaire, et la chasse de toutes les autres pièces
« de gibier, à charge de les remettre à la seigneurie contre récompense. »
(Archives, *loc. cit.*)

L'enquête sollicitée par le Rosemont eut lieu par les soins de commis-
saires nommés par la Chambre impériale. Comment fut-elle faite? Que
produisit-elle? Je l'ignore. Toujours est-il qu'après la clôture de ce travail
et après concert avec la Régence, le grand bailli de Belfort communiqua
aux communautés de la vallée les résolutions et articles suivants : « Nos.
« gracieux seigneurs ont confirmé les coutumes et libertés louables du
« Rosemont, mais celles-ci n'impliquent ni la chasse, ni la pêche, ni
« aucun autre usage usurpé... Quant à ces usages usurpés, nos gracieux
« seigneurs ont ordonné que s'il se rencontre des animaux nuisibles
« dans le Rosemont, le grand bailli de Belfort veillera à ce qu'ils soient
« pris. Mais les sujets, à moins d'un ordre de l'autorité, ne doivent point
« chasser, ce qui nuirait à leurs autres travaux. Ils doivent abandon-
« ner cette occupation à la seigneurie et à ses représentants... De même
« pour les eaux, on les a jusqu'ici laissées sans règle. On y a jeté de la chaux;
« on en a abusé. Pour ces motifs, il est nécessaire d'y veiller; et notre
« gracieux seigneur a accordé que chaque habitant domicilié dans le val
« de Rosemont peut pêcher pour sa personne les mercredi, vendredi, sa-
« medi et autres jours d'abstinence avec l'étiquet pour consommer sa pêche
« dans sa maison avec sa femme et ses enfants, et sous défense de vendre
« du poisson. » (18 décembre 1570. — Archives, *loc. cit.* [1])

Grâce à l'habile circonspection des conseillers d'Ensisheim, la maison

---

[1] On remarquera que l'article notifié par le grand bailli de Belfort réserve à la
pêche plus de jours que le rescrit de l'archiduc Ferdinand.

d'Autriche triomphait donc de ses vassaux du Rosemont et de leurs prétentions. Les articles 53 à 56 de leur Coutume étaient abolis ; le droit de chasse supprimé, et le droit de pêche limité.

Quelle exécution reçurent ces ordonnances de 1567 si contestées dans leur principe et leur légitimité ? Le bas justicier de Rougegoutte de Reinach de Roppe les méprisa assez pour continuer à chasser et à pêcher par lui ou ses préposés. Il s'attira par son *brigandage* les remontrances des officiers seigneuriaux et des poursuites judiciaires (1581. — Archives du Haut-Rhin, fonds Mazarin, L. 66). Mais les vilains, les humbles sujets plus intimidés qu'un gentilhomme par les sévérités de la loi, et moins forts que lui, s'en montrèrent en général assez fidèles observateurs et se tinrent tranquilles. Pourtant on les voit encore, par l'organe de leurs maires, se plaindre à la Régence, que les officiers de la seigneurie les troublent dans les priviléges de chasse et de pêche qui leur ont été accordés par les rois et archiducs (8 octobre. 1576 Archives du Haut-Rhin, C. 600). Mais ces plaintes, plusieurs fois réitérées et toujours basées sur le texte du Coutumier, n'affectent plus le caractère d'une révolte générale. Et elles n'aboutissent qu'à cette déclaration archiducale plusieurs fois réitérée : les Rosemontois n'ont point de franchises particulières de chasse et de pêche autres que celles de 1567 (Décembre 1576 et 20 avril 1579. — Archives du Haut-Rhin, C. 375, et fonds Mazarin, L. 7. — Voir *suprà* l'introduction historique et la note 20).

En 1613, des loups ayant pénétré en grand nombre dans huit villages de la vallée et commis beaucoup de ravages, les officiers de la seigneurie organisèrent des battues pour les détruire. Par l'association des habitants à cette traque, leur passion cynégétique comprimée, mais non éteinte, se réveilla ; et, malgré d'itératives défenses (2 septembre et 9 décembre 1620, et 12 mai 1621. — Archives du Haut-Rhin, fonds Mazarin, L, 66), elle se donna libre carrière grâce à la guerre de Trente ans.

Quand le cardinal de Mazarin recueillit le riche héritage des archiducs, le braconnage dévastait le Rosemont. On essaya de l'anéantir en interdisant à toute personne, de quelque condition et qualité qu'elle fût, de tirer et prendre sans autorisation du gibier ou autres bêtes sauvages dans les terres labourables, prés, vignes, bois et forêts de la vallée. Malgré les peines sévères des ordonnances soit autrichiennes (Ord. de Beaussant, 19 septembre 1654), soit françaises (Ord. de Colbert, 8 mars 1656, et arrêt du Conseil souverain d'Alsace, 22 janvier 1689, dans les Ordonnances d'Alsace, I, p. 175. — Cf. Gamare, *Traité des droits de chasse*, p. 147, 155 et 166), le nombre des délinquants augmentait chaque jour. Bas justiciers et vassaux songeaient à profiter du changement de leur seigneur pour reconquérir la pratique de la chasse et de la pêche telle qu'elle était réglée par le Coutumier du Rosemont. Cette disposition des esprits, en alarmant le duc de Mazarin, le poussa aux mesures de rigueur. Ses officiers l'incitaient d'ailleurs à la répression et aux procès. « De tout temps, lui disaient-ils, les « gens de la vallée se sont fait remarquer par leur indocilité et leurs en- « treprises de toutes sortes contre la seigneurie : ils puisent leurs senti- « ments hostiles dans l'air qu'ils respirent. C'est la seule manière de mettre

« fin aux contestations qu'ils élèvent sans cesse, et sous les moindres pré-
« textes, contre les droits de la seigneurie. Il faut commencer par dompter
« les gentilshommes. Ceux-ci une fois vaincus, il ne restera plus qu'à exor-
« ciser la bourgeoisie, et contre elle on a de grands moyens pour réduire à
« néant ses prétendus et chimériques priviléges. »

Pour réaliser ce programme, on renouvela les anciennes ordonnances de
chasse (8 août 1672. — Archives du Haut-Rhin, fonds Mazarin, L. 4), qui
étaient assez sévères pour garantir pleinement les droits du seigneur, et on
lit pour la pêche un nouveau règlement (5 juin 1693. — Archives du
Haut-Rhin, fonds Mazarin, L. 66).

« Les Rosemontois, sous prétexte qu'ils ont pouvoir de pêcher deux jours
« par semaine dans les rivières du Rosemont... courent toutes les rivières
« sans exception, détournent les eaux, pêchent tant à la ligne qu'à la main,
« vendent le poisson, le détruisent entièrement par des drogues; ce qui leur
« est interdit par les ordonnances archiducales et royales de 1567 et de
« 1669... Et comme les rivières appartiennent uniquement à la seigneurie,
« ainsi qu'il appert des titres et de l'ordonnance de 1567, — il est fait
« défense à toutes personnes de pêcher ou faire pêcher soit à la ligne, à la
« main, bouron, filet, ni en aucune manière que ce soit dans la rivière du
« Puy et ses ruisseaux, depuis l'écluse de la Fonderie jusques au-dessus
« du Ballon; non plus dans le ruisseau ou goutte de la Bussignère, ni en la
« rivière de Vescemont depuis le moulin dudit lieu tirant en haut jusques
« à sa source, ni en ses ruisseaux qui sont défendus comme étant rivières
« banales, desquelles le seigneur s'en est réservé seul la jouissance, et ce
« sur les peines d'être châtié suivant les us et coutumes des ordonnances.
« A l'égard des autres rivières audit Rosemont, à la réserve de celle pas-
« sant dans Giromagny depuis le pont jusques au-dessous des prés, qui sont
« également banales, lesdits sujets y peuvent pêcher avec le bouron, seu-
« lement pour leur usage, sans en pouvoir vendre, ni divertir ailleurs, ni
« détourner les rivières de leur cours ordinaire, jeter aucune amorce ni
« drogues; le bouron sera doué de mailles assez grandes en sorte que les
« petits poissons ou truites ne s'y puissent prendre. »

Ces notifications faites, le duc de Mazarin descendit dans l'arène judiciaire.

On commença la lutte par les de Reinach, qu'on considérait comme les
plus ardents ennemis de la seigneurie, en leur disputant le droit de chasse
et de pêche à l'aide tant des titres généraux que des jugements de 1483
(chasse), de 1582, 1668 et 1692 (pêche). Après de longues enquêtes, le Conseil souverain d'Alsace maintint dans cette double faculté, sur toute l'é-
tendue territoriale du Rosemont et de la mairie d'Etuffont, les de Reinach
de Roppe (27 août 1707. — Archives du Haut-Rhin, C. 1272, fonds Mazarin,
L. 11, 66 et 77, fonds du Domaine, carton 5, dossier N). Mais il en débouta
les de Reinach de Foussemagne (18 avril 1825 et 12 mars 1728, loc. cit.).

Ce demi-succès ne tarda pas à être ébranlé par un acte important. Le
roi, qui s'était réservé la souveraineté sur les terres données au cardinal de
Mazarin, ne voulut pas souffrir davantage que les officiers de sa garnison
de Belfort fussent privés du plaisir de la chasse dans la vallée giboyeuse du

Rosemont. Et, par sa patente du 3 avril 1727, il leur assigna d'autorité les territoires de Méroux, Vézelois, Valdhoye, Eloye, Giromagny et Anjoutey, auxquels furent ajoutés, en 1782, ceux de Bourg et de Banvillars. Du même coup il attribua, pour le même objet, aux officiers du duc de Mazarin les finages de Urcerey, Argiésans, La Chapelle, Evette et Sermagny jusques aux environs de Giromagny (Archives du Haut-Rhin, fonds Mazarin, L. 66).

Cette concession royale entravait la seigneurie dans ses desseins. La seigneurie la regardait comme une sorte d'usurpation de ses droits les plus précieux. Elle en prit de suite revanche et sur ses subordonnés et sur les permissionnaires particuliers ; sous couleur d'une destruction abusive du gibier, elle ne toléra plus à l'admodiateur de la chasse et à ses baillis qu'un seul chasseur, et encore avec possibilité de le supprimer selon son bon plaisir. Quant aux autorisations spéciales antérieurement accordées, elles furent toutes retirées et abolies (30 juillet 1730 et 8 dé-. cembre 1766).

Il n'y eut qu'une exception toute momentanée. Messieurs du Conseil souverain avaient reçu de la ville de Colmar et du duc de Wurtemberg droit de chasse sur certaines de leurs terres (Pillot et de Neyremand, *Histoire du Conseil souverain*, p. 279 à 283). Mlle de Duras leur fit pareille gracieuseté. Pendant cinq ans, de 1762 à 1766, elle affecta particulièrement à M. le premier président de Klinglin la seigneurie d'Issenheim ; à MM. de Bruges, Demougé père et fils la baronie d'Altkirch ; à M. de Boug la terre de Delle ; et aux autres conseillers toute la plaine du Rosemont avec cinq cantons de la haute vallée : Petitmagny, Grosmagny, Eloye, Rongegoutte et Vescemont, en exprimant le désir que dans cette portion de ses domaines son intendant, M. Noblat, pût être leur compagnon [1] (Archives du Haut-Rhin, fonds Mazarin, L. 66).

A ces concessions volontaires ou forcées, la seigneurie ajouta un dernier frein. Sur sa requête, le Conseil souverain, en vue de la conservation du gibier, suspendit, chaque année, d'une façon générale et absolue, l'exercice de la chasse depuis le 1er mai jusqu'à l'entier enlèvement des récoltes (20 août 1739. — Arrêts notables, II, p. 118).

Ce système restrictif aidait aux plans de la famille de Mazarin. Après le tour de la noblesse vint celui de la bourgeoisie en 1742. La confection du terrier du Rosemont parut excellente pour inscrire dans le titre des droits que la chasse et la pêche appartenaient à la seigneurie dans toute l'étendue de la vallée, sauf dans certains quartiers de la basse justice de Rougegoutte. Cette déclaration fut accueillie par la protestation unanime des communautés. Une fois de plus, elles mirent en avant les anciens droits et coutumes du Rosemont (Archives du Haut-Rhin, fonds Mazarin, L. 11 et 12).

Pour la pêche, les ordonnances de Ferdinand en 1567 et du duc de Mazarin en 1693 avaient des textes si précis que la seigneurie dut, quoique à contre-cœur, reculer et reconnaître à ses vassaux une portion de cet

---

[1] Quand, en 1766, toutes permissions particulières furent de nouveau abolies, M. de Klinglin conserva, par une faveur exceptionnelle, son privilège pour la terre d'Issenheim.

attribut de la haute justice conformément aux anciens titres (*loc. cit.*, L. 12 et 66).

Quant au droit de chasse réclamé par les gens du Rosemont en vertu des articles 55 et 56 de leur Coutumier, les agents de la seigneurie répondaient : « Quelle singulière hardiesse ! Qui pourrait tenir son sérieux à la « vue d'une prétention aussi particulière et conçue dans des termes aussi « ridicules ! C'est pourtant le langage de tous les habitants du Rosemont. « Déjà, du temps de l'archiduc Ferdinand, ils avaient la même idée ; mais « pour les guérir de leur folie, ce souverain décide que toute la chasse lui « appartient privativement et que les sujets n'y ont d'autre part que l'obli- « gation de traquer. A ce prix, ils ont le plaisir de la chasse. — Le recueil « des statuts du Rosemont est une pièce dénuée de toute vérité. — Loin « que les habitants puissent prétendre des droits qui les mettraient au- « dessus de leur propre seigneur, ils doivent, au contraire, s'estimer trop « heureux d'avoir été affranchis de la mainmorte par le duc Léopold. « Voilà la noble origine de ces gens qui voudraient avoir de plus beaux « droits dans la terre d'autrui que n'y en auraient des gentilshommes de la « plus haute extraction. » (Requête au conseil souverain, 10 novembre 1750. — Archives du Haut-Rhin, fonds Mazarin, L. 7.) D'après ce langage hautain et dédaigneux, d'après ce que nous savons du droit de chasse, l'issue de la contestation est facile à prévoir. En 1758, on désarma pour la troisième fois [1] les Rosemontois, afin de les empêcher de braconner. Malgré cela, il y eut toujours quelques délinquants. Un individu ayant été poursuivi pour délit de chasse, toutes les communautés prirent encore son fait et cause. Cette fois on invoqua, pour obtenir sa relaxe, non plus les anciennes coutumes, mais le droit naturel et le droit romain. En entendant cet argument auquel la seigneurie n'avait pas habitué ses oreilles et qui sentait l'approche d'une révolution, grande fut sa stupéfaction ; amères, plus amères encore que par le passé, furent ses plaintes contre l'outre- cuidance de ses vassaux ! C'était là un pronostic funeste, et son nouveau triomphe ne fut pas de durée (Archives du Haut-Rhin, fonds Mazarin, L. 65). La nuit du 4 août 1789 abolit la féodalité en France, et les monta- gnards du Rosemont recouvrèrent alors le libre exercice de la chasse et de la pêche qu'ils avaient avec de si longs et si inutiles efforts revendiqué sur leurs hauts et puissants seigneurs, les derniers archiducs d'Autriche et les ducs de Mazarin.

[1] Les premiers désarmements avaient eu lieu les 6 août 1738 et 2 juillet 1740.

6

* 9 7 8 2 0 1 4 0 5 9 1 6 8 *